乡贤文化丛书

乡贤文化丛书

了凡四训泽后世

——嘉善居士袁黄

卫绍生 廉朴 主编
徐春燕 著

中原出版传媒集团
中原传媒股份公司

大象出版社
·郑州·

图书在版编目(CIP)数据

了凡四训泽后世：嘉善居士袁黄/徐春燕著.—
郑州：大象出版社，2022.7
(乡贤文化丛书/卫绍生，廉朴主编.第二辑)
ISBN 978-7-5711-1019-2

Ⅰ.①了… Ⅱ.①徐… Ⅲ.①袁黄(1533-1606)-
人物研究 Ⅳ.①K825.1

中国版本图书馆CIP数据核字(2021)第042315号

乡贤文化丛书
卫绍生 廉朴 主编
LIAOFAN SIXUN ZE HOUSHI
了凡四训泽后世
——嘉善居士袁黄
徐春燕 著

出版人 汪林中
总策划 郑强胜
责任编辑 张韶闻
责任校对 安德华
装帧设计 王莉娟

出版发行 大象出版社(郑州市郑东新区祥盛街27号 邮政编码450016)
发行科 0371-63863551 总编室 0371-65597936
网址 www.daxiang.cn
印刷 河南文华印务有限公司
经销 各地新华书店经销
开本 720 mm×1020 mm 1/16
印张 14
字数 173千字
版次 2022年7月第1版 2022年7月第1次印刷
定价 39.00元

印厂地址 新乡市获嘉县亢村镇工业园
邮政编码 453800 电话 0373-5969992 5961789

总序

“乡贤”，这一古老的称呼已经淡出人们的视野很久了。

党的十八大以来，乡贤重新进入人们的视野，成为人们热议的话题。中共中央、国务院2015年颁布的《关于加大改革创新力度加快农业现代化建设的若干意见》中明确指出，要“创新乡贤文化，弘扬善行义举，以乡情乡愁为纽带吸引和凝聚各方人士支持家乡建设，传承乡村文明”。在中共中央、国务院的文件里提到乡贤和乡贤文化，这应该是首次，它表明作为中国优秀传统文化重要组成部分的乡贤文化，既是传承乡村文明的重要内容，也是新时期农村文化建设的重要内容。但是，由于乡贤和乡贤文化淡出人们视线已久，在这一概念重新被提出来的时候，许多人并不明白什么是乡贤，什么是乡贤文化，更不知道如何传承和弘扬乡贤文化。鉴于此，有必要对乡贤称谓、乡贤之说的起源、乡贤对中国乡村的作用与意义、乡贤文化包含哪些内容等，作简要回答。

何谓乡贤？按照通常的解释，乡贤是指那些道德品行高尚同时又对乡村建设有过贡献的人。这里包含两个层面的意思：一是道德品行高尚，二是对家乡建设作出过贡献。但如果仅仅是道德品行高尚，满足于个人修身齐家、独善己身、洁身自好，很少关心乡里乡亲，很少对乡梓作出过贡献，那么，这样的人只能称为乡隐，而不能称为乡贤。乡贤既应是道德为人敬仰、行为堪称模范的人，更应是为家乡作出过一定贡献的人。不论是教书育人、传承文化、制定乡约、调解邻里矛盾，还是乐善好施、修桥铺路、接济乡人，举凡一切有益于乡里乡亲的事情，他们总是满腔热情，乐做善为。对乡村建设的贡献，是乡贤的必备条件。如果对家乡父老没有什么贡献可言，何以成为乡贤？看一看汉魏六朝出现的一些记述各地乡贤的著作，如《汝南先贤传》《陈留耆旧传》《襄阳耆旧记》《鲁国先贤传》《楚国先贤传》等，其中记载的各地乡贤，不仅在道德、学问、修养、名望等方面为人称颂，成为时人敬仰的楷模，而且都是对家乡作出过贡献的人。他们能入各种乡贤传，绝非浪得虚名。

乡贤之说起源于何时？乡贤很早就存在于中国的乡村，但乡贤之说却是在东汉中后期才逐渐流行起来的。东汉中后期，随着一些世家大族的崛起，各个郡国都热衷于撰写乡贤传记，表彰那些曾经为当地经济、社会、文化发展作出过贡献的贤人雅士。东汉以后，世家大族成为维持中国乡村社会稳定的重要力量，涌现出许多被后人称为乡贤的人物，他们对当时的社会，乃至对中国历史文化都产生了重要影响。作为乡村精英的乡贤，在乡村治理、乡村教育等方面可补政府治理之不足，发挥了政府无法起到的重要作用。一些人看到了乡贤对社会发展的积极作用，把所属郡国那些有影响的人物事迹记录下来，于是出现了所谓的“郡书”。唐代史学家刘知幾在谈到这类著作时说：“郡书者，矜其乡贤，美其邦族，施于本国，颇得流行；置于他方，罕闻爱异。其有如常璩之详审，刘昞之该博，而能传诸不朽、见美来裔者，盖无几焉。”（刘知幾：《史通》卷十《内篇·杂述》）刘知幾是较早关注到乡贤类著作的史学家，他认为，乡贤类著作都是“矜其乡贤，美其邦族”，因而在当地比较流行，而到了其他地方，知道的人就很少了。在谈到东汉史书繁盛的原因时，刘知幾再次提到了乡贤：“降及东京，作者弥众。至如名邦大都，地富才良，高门甲族，代多髦俊。邑老乡贤，竞为别录。家牒宗谱，各成私传。于是笔削所采，闻见益多。此中兴之史，所以又广于《前汉》也。”（刘知幾：《史通》卷九《内篇·烦省》）刘知幾虽然没有对乡贤作出解释，但他把“邑老乡贤”与“高门甲族”相提并论，表明他已经把“邑老乡贤”与“高门甲族”放在同一个层级上，充分肯定了“邑老乡贤”的历史地位与作用。

乡贤对中国乡村有怎样的作用与意义呢？乡贤在乡村建设中的作用是多方面的。他们不仅热衷于乡村治理和乡村教育，而且乐善好施、造福乡里。乡贤一般都是受过良好教育的人，他们是乡里有知识、有影响的人物，经济实力往往要比一般村民好一些。他们有能力也有意愿造福桑梓，所以常常在乡村建设上主动作为，只要是力所能及，他们一般不会推辞。在乡村治理方面，乡贤往往身兼管理者、参与者、协调者等多重角色，必要的时候，他们也可以发挥上情下达或下情上传的作用，成为联系乡亲和政府的桥梁与纽带。在调解邻里冲突和乡人矛盾上，他们不会以势压人，而是以理服人，注重多方协调和沟通，注重平衡各方利益。所以，在乡村治理方面，乡贤是农耕文明时期中国乡村社会稳定的重要因素。

在乡村教育方面，乡贤的作用更是不可小觑。乡贤大多是饱读诗书之人，他们深知文化知识对于人们的生存、生活、成长和发展至关重要，所以他们非常重视教育，尤其重视启蒙教育和家庭教育。他们中的许多人自觉地担负起教育自家子弟和乡里子弟的重任，有不少人开私塾，并兼任私塾先生。虽然有的人也接受一些“束脩”，但总体来说，义务教书的情况较为常见。他们是乡村的“先生”，是传授文化知识的人，是教人向善的人。在善行义举方面，乡贤更是乐善好施的代名词。他们愿意帮助别人，勇于助困济人，乐于接济生活困难的乡亲。如东汉末年颍川郡著名乡贤陈寔，道德高尚，知书达理，处事公正，待人公平，为乡里所推重。乡里发生了纠纷，人们不去求官府，而是去找陈寔，请求他明断是非。只要是陈寔评的理、判的是非曲直，人们都欣然接受，没有什么怨言，以至于乡人都说：“宁为刑罚所加，不为陈君所短。”陈寔还乐善好施，遇上灾年的时候，乡亲们缺吃少穿，他就接济他们。大灾之年，陈寔的善举不仅挽救了那些一时糊涂的人，而且教化了乡党，纯洁了世风。当然，更多的乡贤是靠他们的智慧和财富造福乡里，为乡亲做好事，譬如常见的修桥铺路、接济穷困等助人为乐之事。在乡村治理结构尚不完备的中国传统社会，乡贤在文化教育、乡村治理、乡村建设等方面，都起到了政府所起不到的作用。他们是中国传统乡村超稳定结构的基石，也是推动乡村发展的动力。

对于乡贤，我们应该历史地来看，既要看到他们在乡村文化教育、乡村治理、乡村建设等方面的积极作用，也要看到他们对中国传统乡村超稳定结构的固化作用。乡村是农业社会的基础，也是各级政权的基础。但是，在中国传统社会，权力不下郡县，县级政权成为封建社会的基层政权，县令或县长通常都是七品官甚至是从七品官，县丞、县尉的级别就更低了。国家行政机构设置到县级，县以下是乡和里。乡和里的治理则借重民间力量，乡长和里长大多是由当地德高望重的长者或望族的族长担任，他们没有官位，不吃皇粮，不领俸禄，只是负责维持当地的秩序，帮助地方政府做一些诸如征收税赋、摊派徭役、管理户籍、教化民众之类的事情。但在乡村治理及文化教育等方面，乡长、里长则常常要借重乡贤的力量，因为乡贤有文化、有见识、有影响力，甚至还有财力。当乡贤与乡里管理者相向而行、勠力同心的时候，乡里就会稳定，乡村治理就比较顺畅。这个时候，乡贤的作用就得到了充分发挥。乡贤在某种意义上成了乡村治理的标杆，成为乡人敬仰和追慕的对象。但是，由于乡贤所受的教育不同，他们的理想、信念、追求也各有差异，因此，他们中的许多人不愿意与当权者同流合污，更看不惯权豪势要欺辱压榨百姓，往往是特立独行者和孤独求道者，但他们依然坚持用自己的方式服务乡里，造福百姓。如许劭主持汝南“月旦评”，大力奖掖和提携汝南才俊，评点天下名士，成为汉末继郭泰之后的清议领袖。他不应朝廷征辟，谢绝高官厚禄，以“局外人”的身份品评人物，客观公正，令人信服。又如吃尽文盲苦头的武训，穷且益坚，不坠青云之志，行乞办学，创办崇贤义塾，让那些读不起书的孩子进学堂读书，更让人肃然起敬。再如晚清职业慈善家余治，一生清贫，却四处呐喊，奔走于大江南北，劝人行善，宣传忠孝节义，成立各种慈善机构，移风易俗，救济孤贫，而且创立戏班，编写剧本，以戏曲劝善，被人誉为“江南大善人”。他们以各自的方式感染着世人，固化着中国乡村的超稳定结构，使中国乡村这个自秦汉以来政府行政权力鞭长莫及之地，成为乡绅乡贤的表演舞台。在当代作家陈忠实的长篇小说《白鹿原》中，从白嘉轩、鹿子霖和冷先生等人物身上，读者依稀看到了久违的乡贤形象，所以有评论者指出，《白鹿原》就是在寻找失去的乡贤。这样的评论虽然不无偏颇，却也道出了小说的文化追求。

乡贤是乡贤文化的创造者和实践者，从他们身上，人们可以看到传统乡贤文化在乡村建设、乡村治理、文化教育、乡土认同等方面发挥的重要作用。所以，从中国古代一直到近现代，许多乡村都建有乡贤祠，用以供奉和祭奠那些为乡村建设作出贡献的乡贤们，展示各地不同的乡贤文化。

乡贤文化是由乡贤及其乡人共同创造的，是中华优秀传统文化的重要组成部分。它作为一种文化形态，对中国古代的乡村治理，对家国文化的认同，对乡村社会的维系，对农业文明的传承，对宗族文化的延续，对乡村文明的弘扬，都具有重要的文化价值。在传承发展中华优秀传统文化的当下，创新乡贤文化，就应在进一步明确乡贤文化的历史文化价值与当代意义的前提下，深入发掘乡贤文化的内在价值和积极作用。具体来讲，就是要注重发掘乡贤文化对家国认同、乡村治理、乡村教育、乡村建设、乡村文明传承等方面的深层文化内涵，通过一个个乡贤人物，阐释乡贤文化的重要价值，梳理乡贤文化的积极意义，探索乡贤文化的传承创新路径。譬如家国认同，首先是基于对家族和家乡的认同。乡贤作为当地的贤者，不仅具有很强的凝聚力，而且还常常让乡党引以为豪，人们不论处于多么遥远的地方，只要说起共有的乡贤，就会立即引起强烈的共鸣，自然而然地拉近了人们之间的情感距离，从而形成对家族和家乡的认同。从这个意义上说，乡贤是家乡认同的标志性人物，也是促进家国认同的情感纽带。

乡贤文化对传承发展乡村文明，对当代乡村文化建设，对提升文化自觉、树立文化自信，对实现中华民族伟大复兴的中国梦，都具有积极意义。在大力弘扬传承发展中华优秀传统文化的当下，挖掘乡贤文化的丰富内涵，梳理乡贤文化的历史脉络，发掘乡贤文化的价值意义，进而创新乡贤文化，建设新乡贤文化，是传承发展中华优秀传统文化的内在要求，是提升文化自觉、树立文化自信的内在要求，也是实现中华民族伟大复兴的中国梦的内在要求。

为此，我们组织编纂了这套“乡贤文化丛书”，把自东汉以来的历代乡贤进行梳理，系统展示乡贤、乡贤文化的历史风貌和文化价值，以期让广大读者对优秀传统文化中的乡贤和乡贤文化有更多的了解，对乡贤文化的历史作用和当代价值有更多的认知，共同为创新乡贤文化、建设新乡贤文化作出应有的贡献。

本辑为“乡贤文化丛书”第二辑，我们精选了8位在中国历史上有一定影响的各地乡贤，他们不论在教书育人、修身齐家，还是在乡村治理、乡村建设、慈善赈济，甚或是民族工业等方面均作出了一定贡献，成为人们传颂的典范楷模。在本辑编写过程中，每位作者均对自己承担的人物有一定研究，但因作者较多，行文风格各异，难免会出现一些不尽如人意之处，不妥之处，尚祈读者批评。

卫绍生　廉　朴

2022年5月20日

目　录

现代有些人认为，名字不过是一个代号而已，无须过于认真，但是古人对待名字的态度却大为考究，所谓“命者名也，名不正则言不顺”。名字是关乎人一生命运、志向、婚姻、健康等的头等大事，绝不容丝毫马虎。也正是因为如此，古代有身份的人，尤其是文人，称谓极多，名、字、号一应俱全，有的还不止一个，本书的主人公袁黄便是如此。

吴江袁黄塑像

袁黄，初名表，后更名黄，字坤仪、仪甫、庆远，初号学海，又改为了凡，粗略一算前后称谓竟有7个之多。袁黄，浙江嘉善人，生于1533年，卒于1606年，万历十四年（1586）进士，其生活的时间大致为明代晚期，是我国著名的思想家、文学家、慈善家，又为佛家居士。一生贡献颇多，作品丰富，称其著作等身也不为过，最为杰出的作品是他晚年所写

《了凡四训》，该书融佛家禅学、道家哲学和儒家理学于一身，在社会上流布甚广，名扬海外。袁黄生活于明代经济最繁荣、文化最先进的江南，那里钟灵毓秀的环境浸染，鼎盛文风的氤氲熏陶，以及袁氏家族文化的薪火传承，都对其成长起到了不可忽视的作用。

一、刻在历史镜框中的时代记忆

人是时代的产物，人的思想、意识和行为模式不仅是其社会生活的反映，还折射出所在时代的光辉。袁黄生活于距今400多年前的江南，经历了明世宗、明穆宗、明神宗三代皇帝，就时间而论，其活跃的时期大部分为明朝后期。那时的江南是全国经济的中心，农业、手工业和商业的发展都达到了很高的水平，早期资本主义萌芽开始出现，社会结构也在悄然发生着改变，这些变化反映到意识形态领域就是呈现出百花齐放、百家争鸣的繁荣状态。不过一种或者多种相悖的价值观念在同一时段并行，很容易导致社会的“失范”，于是一些具有远见卓识的思想家、政治家为避免这种状况的发生，共同促成了劝善运动在社会的推广，而且声势浩大、涉及面宽，许多文人墨客纷纷加入到这个队伍中来，通过自己的文学创作传播善文化。《了凡四训》就是在这样的背景下落地开花，甫一问世，甚至早在孕育之时就已被烙刻上了浓重的时代印记。

（一）江南经济的发展

东南形胜，三吴都会，钱塘自古繁华。
烟柳画桥，风帘翠幕，参差十万人家。
云树绕堤沙，怒涛卷霜雪，天堑无涯。
市列珠玑，户盈罗绮，竞豪奢。

北宋风流才子柳永在他的《望海潮》中用如此生动的词句来描述杭州的风景绚丽和繁荣富庶，其大致也可以视作明代江南的一个缩影。此时期的江南经济，在宋、元基础上继续向前发展，劳动者们用勤劳的双手和卓越的智慧，在这片土地上创造了难以计数的物质财富，令世人叹为观止。江南富足人家的生活还惹来位在九五之尊的明太祖朱元璋的羡慕，据说他工作之余，吐槽自己终日如牛马般辛辛苦苦，随口来了一首“百僚未起朕先起，百僚已睡朕未睡。不如江南富足翁，日高丈五犹拥被”的白话诗，从此让江南富家翁的悠闲与惬意名扬天下。

谈到江南经济的发达，农业是绕不过去的。众所周知，江南气候温暖湿润，适合稻米生长，粮食产量非常高，宋元时期，民间就有“苏湖熟，天下足”的谚语，但是到明代中后期，这句话逐渐演变为“湖广熟，天下足”，然而这可不是说江南粮食亩产量降低了，而是因为江南工商业发达，生产手工业发展所需要的经济作物比粮食种植更为获利，直接导致江南粮食种植面积缩小，粮食总产量逐年下降。松江府就是一个典型的例子。这里唐宋以来就是天下闻名的稻米产区，明代随着经济的发展和人口的集聚，土地绝对可以用寸土寸金来形容。精明的松江人对土地的利用绝对称得上是教科书级别，日常食用的茴香、葱、韭薤（多年生草本植物，地下有鳞茎，鳞茎与嫩叶皆可食。《本草纲目》将之与蒜、韭、葱、香菜并列为“五荤”，又称“五辛”　）等栽种于个头较大、做工粗陋的盆盎中，竹子、树木等绿植分布于宅舍之侧，郊外种植桑、麻，水中种植菱、藕，争取地尽其利，不留一小片空隙。因为土地的利用充分，加之农田主的辛苦经营，松江府每年上交国库的税银达到80万两，辖内上海县土产富饶，除了各种海鲜奇货，丝绵、文绫等行销全国，每年税银超过16万两。湖州府的百姓也很会利用土地，很小的一块儿河堤上都会培植桑树，建筑物围堵的间隙定要栽种蔬菜，有钱人家田连着田、地接着地，桑、麻等经济作物的种植面积可达万顷，周边山庄别墅的土地也地尽其利，遍植竹子、树木，数量无法统计。据时人说，天下大概找不出比这里的绿植更为繁盛茂密的了。

传统的农业种植显然已经不能满足商业、手工业发展的需要，于是原来种植粮食作物的土地，纷纷被用来种植棉、麻、桑、茶、甘蔗、蓝靛、花卉等收入更高的经济作物。在商品经济大潮的冲击下，单纯的农业种植已经满足不了日益增长的物质需要，农民开始在耕作之余对经济作物产品进行初级加工或者兼营其他相关副业来获得更多的生活资料。不少地主也不再满足于传统的地租收益，转而雇工经营全部或部分田地以谋取更大的利益。在此背景下，单一的农业经营方式已经不能满足社会生活的需要，雇佣劳动、多种经营在乡村悄然盛行，传统经营模式和价值观念都在经受着挑战。

在江南农业经济快速进步的基础上，手工业生产也发展得如火如荼。明代中后期，棉纺织业在江南遍地开花，地方志中有“凡棉布寸土皆有”“织机十步必有”的描述，极为生动形象。其分布广泛密集的程度，甚至可以理解为凡是有人在的地方就有纺织机的存在。松江府是全国棉纺织业最发达的地方，家家户户都在纺织，产品远近流通，有“衣被天下”的美誉。上海县（今上海市闵行区）产一种“标布”，在当时颇为流行，吸引各地富商巨贾携带巨额资金前来购买，动辄数十万两白银。嘉善县纺纱业也很有名，其中以魏塘镇名声最为响亮，民间有“买不尽松江布，收不尽魏塘纱”的谚语。

与棉纺织业发展如影随形的是印染业，一般布号集中的地方，染纺业也会随之兴盛。清人顾公燮就说，前明数百家布号，都在松泾、枫泾、朱泾等镇，“而染坊、踹坊（是将染过的棉布用大石块压平整光的作坊）

商贾悉从之”[①]。芜湖是江南棉布染业的中心，产品远销吴、越、荆、梁、燕、鲁、齐、豫等地。

江南丝织业是全国当之无愧的第一，生产技术不断改进，提花织机的使用大大提高了纺织品的档次。不仅苏州城内聚集了大量丝织业工人，许多村镇生产规模也不可小觑，如湖州双林镇居民以织绢业为传统；嘉兴王江泾镇从事丝绸生意的作坊有7000余家；濮院镇民户机杼声相闻，每天产出的锦帛数以千匹。

制瓷业发展也很快，不但陶瓷品种增加，生产技艺和装饰艺术也达到相当高的水平。吹釉法代替了过去的刷釉法，施釉更加均匀光泽，更利于烧制大型瓷器。浙江处州（今浙江省丽水市）、福建德化（今福建省泉州市）瓷窑规模很大，江西景德镇依旧是全国制瓷业的中心，佣工不下数万，商业店铺延袤十三里，居民十万多家，其中十之七八是陶户或者从事陶瓷生意的商人，也正是因为景德镇陶瓷制造业发达，其地居民生活之繁富在江西首屈一指。

江南印刷工艺也得到了进一步改进，铜活字流行，套印、饾版和拱花技巧广泛应用于生产。常熟富翁毛子晋开办了一家很大的印书作坊，仅印匠就有20余人，再加上刻字匠、装订匠等，数量十分可观。此作坊印刷的书籍种类之多、数量之丰前所未有，据说市面上热销的书籍此作坊均有出品，而且还质量过硬，前来采购的书商络绎不绝。

在农业、手工业高度发展的基础上，商品经济也空前繁荣。江南地区纺织业商品生产性质极为明显。苏州一带居民，无论男女，都会纺纱织布，产品大部分用于出卖。《醒世恒言》中对苏州府盛泽镇居民有过这样的描述：

---

① 〔清〕顾公燮：《消夏闲记摘抄》，第13页。

男女勤谨，络纬机杼之声，通宵彻夜。那市上两岸绸丝牙行，约有千百余家，远近村坊织成绸匹，俱到此上市。四方商贾来收买的，蜂攒蚁集，挨挤不开，路途无伫足之隙。乃出产锦绣之乡，积聚绫罗之地。江南养蚕所在甚多，惟此镇处最盛。[①]

商品经济的发展已经改变了老百姓过去男耕女织、晨起夜卧的生活方式，男女老幼只要有劳动能力，都参与到纺织业生产中来，日夜不息。城市街道两边俱是丝绸牙行，数量众多，远近村民纺织的绸缎都拿到市场上销售，引得四方商贾前来收购，因为聚集的人流太多，街道经常被堵得水泄不通。江南这样的集市非常多，以盛泽镇最为繁荣。

这镇上都是温饱之家，织下绸匹，必积至十来匹，最少也有五六匹，方才上市。那大户人家积得多的便不上市，都是牙行引客商上门来买。[②]

除了大户和温饱之家，还有一些小户“本钱少，织得三四匹，便去市上出脱”[③]，生活也基本过得去。

嘉兴府嘉善县棉花产量不大，满足不了本地的生产需要，商人们就从周边郡县，甚至北方贩运棉花来此设店出卖，百姓们买回家中来纺纱织布，然后拿到清晨集市上交易，换成钱后，继续买棉花回家纺织，很多人家的织布机日夜不休。此时江南地区很多民户的生产不再是首先满足自用后剩余部分拿来出售，而是全部用于商品交换，属于地道的商品生产。并且具有一定规模的手工业主对于市场的需求反馈十分迅速，在纺织方式和尺寸厚薄方面不断调整，已经很会利用商品宣传来影响市场方

---

① 《醒世恒言》卷十八。

② 同上。

③ 同上。

向。《锡金识小录》中就记载了这样一个小故事：大画家董其昌听从家馆先生朱宾龙的建议，穿了一件松江紫花布缝制的道袍，因为董其昌是当时的社会名流，威望很高，人们纷纷以穿和其类似的衣服为荣，于是争相效仿，以至于这种花色的松江布供不应求，布料价格也比同种类其他产品要高出数倍，机户从中赚取了巨额利润，朱宾龙也因此获得了织户价值不菲的馈赠。这则故事放在现代就是一个典型的商品营销成功的案例。董其昌类似于现代的明星代言人，当然他本人可能还不自知，因此是一次免费宣传，高额的出场费是肯定没有的，而朱宾龙的角色大致相当于现代的广告策划，不过也只是业余的，可能是受织户所托临时想出的主意，而织户无疑就是现代参与市场竞争的大小公司，想尽办法出售产品，渠道虽然比现在简单得多，但是办法却多种多样，非常灵活，不同于过去只能被动地被市场选择。

值得一提的是此时江南的棉布不仅畅销全国，还漂洋过海到了海外，如当时日本风行的棉布，均源自中国，其中松江棉布因为质量高、花色好，广受好评。

农业、手工业、商品经济的发展也带来了社会结构的变化。苏州、松江、杭州、嘉兴、湖州等地区出现了一大批独立或者相对独立的手工业者，这些地区成为中国封建社会母体中最早孕育资本主义萌芽的温床。此外，商品经济不同于田园牧歌式的小农经济，它的存在注定会加剧社会贫富两极分化。一部分精于计算、善于经营的商品生产者会完成资本的原始积累，乘坚策肥，履丝曳缟，成为早期的资本家；还有一部分生产者在激烈的竞争中遭遇淘汰，丧失全部的生产资料，穷途末路，无以为继，最终只得成为以出卖劳动力为生的雇佣工人。明末的苏州城内就聚集了数以万计完全脱离生产资料的雇佣织工，他们有工作就能够生存，没有工作就会挨饿，社会中形成了机户出资，织工出力，二者相依为命的局面。类似这样的生产关系在其他领域，也程度不同地出现在榨油、制瓷、矿冶、造纸等行业中。

（二）劝善思潮的兴起

经济基础的变化必然会引发上层建筑的变动。明代后期，随着手工业生产的发展、商品经济的繁荣以及资本主义萌芽的出现，人对生理本能的欲求以及对荣华富贵的艳羡迅速膨胀。奢靡之风漫卷全国，士大夫、富商巨室最先兴起，市井小民亦步亦趋，仆隶卖佣，娼优贱婢，甚至乡野村妇农夫也参与其中。上流社会竞相攀比，互尚荒佚，以欢宴放饮为豁达，以珍馐美味为盛礼。常州王洛家族墓地曾经出土过一件王昶继配徐氏的孔雀补服，按照明廷规定，只有三品以上的朝官才能享用孔雀图案，但是根据考证王昶仅为七品，如此严重的僭越还能堂而皇之地入葬，不难推测当时社会用度奢侈、不循礼制已成为常态。一般的市井小民、贩夫走卒也流连于酒庐茶肆，异调新声，缨帽緗鞋、纱裙细裤处处可见，对于穿戴极为讲究。甚至流浪于街头、处于社会最下层的乞丐也受到了影响，沉迷于娇声乡曲之中不能自拔，由此不难想见晚明社会的靡废不振程度之深。

随着统治集团社会治理的日渐松弛，权力对于人性的压制也呈放松态势，一些知识分子开始追求自己的独立个性和思想。在言论较为自由的环境下，《焚书》《续焚书》《藏书》《雅述》等一批反礼教书籍陆续出版。思想活跃、言论自由固然对于人们在精神上摆脱封建桎梏有所裨益，但是由之带来的麻烦也不可忽视。因为现实生活中的许多观念都与我国传统农耕社会形成的尚俭务实、中庸守和等思想格格不入，等级秩序、宗法伦理、礼制规范的失序也经常会让人无所适从。当一个社会存在两种或者两种以上相互矛盾的模式时，让人不知所措的状况就会发生，而当社会结构与个人品行相抵触时，社会就会陷入“失范”，“失范”也可以说是人们价值观念上的一种混乱。无疑处在中世纪与新时期之交的明王朝正面临着“失范”的威胁，社会的进步为新思潮出现提供了助力，宽松的政治环境为意识形态解放提供了土壤，而同时旧的思想观念和意识形态也在极力阻挠新生事物的发展，新兴知识分子追求的价值取向虽然脱离不了程朱理学的羁绊，但是肯定又在向着异端的方向发展。作为社会精英阶层的士绅为了避免“失范”，维持固有的社会秩序，力图通过教育熏陶、教化引导以及其他潜移默化的方式，协调好社会公认的规范和个人理想意愿间的关系，使民众能够在信仰、言论、行为等方面与社会发展相吻合，在此背景下，符合儒教道德原则，带有浓厚宗教色彩的劝善思想在社会上广为流行。

劝善，就是劝人勉力为善。劝善思想在我国早已有之，战国时期法家思想的代表人物韩非子就有“圣王之立法也，其赏足以劝善，其威足以胜暴，其备足以必完法”的说法，大致意思是立法要遵循赏善罚恶的原则，奖赏遵循法度的人就是为了劝导人们做正确的事情。劝善的目的归根结底就是让人遵循法度，不要犯上作乱，不要作奸犯科。

纵观中国思想史的发展脉络，可以发现“劝善”始终是十分突出的一个主题。无论是儒家理论、道教思想，还是两汉时期传入中国的佛教文化，都有很清楚的“善”“恶”观，直接影响着中华伦理思想的发展。大约在12世纪，道教善书《太上感应篇》问世，以此为发轫，宋元劝人去恶从善的书籍，如《文昌帝君阴骘文》《关圣帝君觉世真经》《文昌帝君蕉窗圣训》《太微仙君功过格》等如雨后春笋般陆续问世，其对后世价值观念的重建具有极大的启迪意义，而“劝善”思想真正为统治者重视并且推广却是在明代。

明朝建国之初，太祖朱元璋将劝善惩恶、移风易俗作为国家的大事、要事来抓，在全国大力推行“教民之法”。洪武三十年（1397），“圣谕六言”颁行天下。“圣谕六言”，包括孝顺父母、恭敬长上、和睦乡里、教训子孙、各安生理、毋作非为，意在用儒家的伦理纲常劝化民众，以促进社会和谐，又被称为教民六条、圣训六条、圣谕六条。与“圣谕六言”同时颁布的还有朱元璋自创的圣谕宣讲制度。这项制度规定全国每乡都要备一个大的木铎（一种铜质铃铛，形状类似铙、钲，体腔内有舌，摇动时可发声，以木为舌者为木铎），由一位长者或盲人手持，在大道上边走边宣扬圣谕，每月六次，后成定制，终明之世，未曾辍止。实际效果应该不错，因为清代照搬了前朝做法，到清圣祖在位时，这位勤政又操心的皇帝又别出心裁地增加到了16条，故而被世人称为“圣谕十六条”，迨至世宗即位，又对“圣谕十六条”进行了阐释，编成上万字的“圣谕广训”，颁行全国，一直延续使用到清朝灭亡，可以想见“圣谕六言”对当时及后代影响之大。

除了“圣谕六言”，永乐时期政府还颁布了御制劝善书，包括成祖皇帝的《为善阴骘》和孝仁皇后的《劝善书》，都是由中央下发全国，各级官员和学校组织宣讲。为了能够让劝善思想在社会广为传播并为民众所接受，朝廷还鼓励各地兴办社学，宣讲劝善理论以教化民众。如万历年间有的社学将“圣谕六言”的内容转化为诗歌形式，朗朗上口之余，还更加通俗易懂，方便社学子弟理解和学习。有的地方官员还积极组织集会宣扬圣谕，并将之列入乡约，鼓励百姓为善。如明代著名思想家、哲学家王阳明任南赣巡抚时，将“圣谕六言”融入《南赣乡约》，他的做法得到朝廷的认可，嘉靖时期推广全国。万历年间阳信知县张志芳宣扬劝善也颇有成效，不仅在主持乡约编定时将劝善内容列入其中，还亲自为百姓诵读讲解劝善思想，为了让更多百姓为善，还特地刊刻《为善阴骘》《感应篇》《为善阴骘录》等书，供大家诵读，使劝善思想在阳信落地生花。在官方的积极组织下，劝善活动得到了士绅的热烈响应，不但全国各地出现了关于圣谕劝善的诸多解释，不少地方还创制了烦琐的宣讲礼仪以示庄重。除了朝廷规定的宣讲模式，“圣谕六言”在民间也以多种途径广泛传播。如一些在民间极有影响的士绅，如无锡的高攀龙，专门成立了同善会专一劝人行善。传统农业社会的基层细胞家族也重视劝善，对子孙耳提面命之余，还会将之列入族谱或者写入家训，成为家族文化的一部分。

在官方和士绅的大力推动下，全国上下掀起了劝善热潮，所谓六经皆劝善之书，儒家经典如此，那道家、佛教自然也不会例外。明代深受民众喜爱的小说也成为劝善运动的重要载体。小说通俗易懂、寓教于乐，不同于其他说教，而是用讲故事的形式娓娓道来，社会各个阶层的人物，如士、农、工、商、贾，都喜欢看，连不识字的妇女、小孩儿也喜欢听，比之儒、释、道三教传播更为广泛。

总之，明代的劝善思想始终持续不断，从政治渗透到学术、宗教、文学等各个领域。袁了凡生活在文化氛围浓厚的江南地区，善文化的长期浸染和熏陶，使他青年时代就非常注重“改过”“省身”的自我修身锻炼，迨至成年更是致力于以道德劝善重建社会秩序的躬身实践，这些都为他创作《了凡四训》打下了坚实的基础。

二、江南好，风景旧曾谙

江南，是一个与“中原”“边疆”等区域概念相并立的词，既是一个自然地理区域，也是一个社会人文区域。江南环境优美，河道密布，湖泊众多，自古有水乡泽国之美誉。汉唐以来，这里常年风调雨顺，很少受战争侵扰，经济发展平稳，宋代以后不仅是闻名海内的鱼米之乡，还是全国商业、手工业最为繁华的区域。丰沛的物质基础，也造就了“万般皆下品，唯有读书高”的好学精神，三吴大地，钟灵毓秀，状元、进士多如过江之鲫，《明儒学案》中提到的学者，有三分之二出自这里，明代著名的书法家、绘画家，也有超过三分之二出生或活动在这里。嘉善，今隶属浙江省嘉兴市，地处江南腹地的平原泽国之上，具有典型的江南水乡特征。袁了凡出身于嘉善袁氏家族，是当地的一个名门望族。至今可追溯的袁家先祖来自中原陈州（今河南周口），后来迁居江南，散居吴越大地，到富一公这一代由“语儿溪”（今浙江桐乡崇福镇，为传说中的吴、越分界处）徙居嘉善。

（一）袁氏的世代居地

嘉善历史久远灿烂，是马家浜文化的发祥地之一。早在5000多年以前，大往圩人已经开始沼泽开田，种植水稻，饲养牲畜，在这里开始了农业生活。此后几千年，白驹过隙，沧海桑田，这里逐渐成为我国经济最为繁庶的区域之一。宋时，嘉善山水清秀，气候湿润，适宜人居，北方大族魏氏、武氏先后迁居到这里。

随着人口的汇集，商业贸易日渐兴盛，且规模不断扩大，百业齐聚。到明代，嘉善已经发展成为一座烟火千家、街衢绵亘、物阜民丰的小镇。宣德四年（1429），巡抚、大理寺卿胡概巡视江南后，认为江浙一带地域广大，税赋繁多，于是上奏朝廷，建议增加县级行政区的设置。翌年三月，嘉兴县东北部的迁善、永安、奉贤三个完整乡和胥山、思贤、麟瑞三乡的部分地区被析出，另置嘉善县，治所位于魏塘镇，隶嘉兴府管辖。清循明制，嘉善县继续发展。咸丰十年（1860）至同治二年（1863），太平天国曾在此建立地方政权。民国元年（1912），嘉善归属钱塘道。民国16年，道废，直属浙江省辖。1949年嘉善解放，隶属浙江省第一专员公署辖域，后改属嘉兴专署。1958年11月，嘉善县制被撤，并入嘉兴县。1961年

4月，恢复县置。1983年8月，实行市辖县制，隶属嘉兴市。

1.嘉善陶庄

袁了凡先祖始居住地在嘉善陶庄的净池滩。陶庄即现在的陶庄镇，古称柳溪，是一座历史悠久的古镇。南宋绍兴年间（1131—1162），保义郎陶文斡自姑苏（今江苏苏州）迁居这里，买地建房，兴修亭台，渐成一个规模宏伟、曲径通幽的庄园，陶庄由此得名。此时期，陶庄商业已经有所发展。至今县里还保存有宋嘉定元年（1208）举人陶大猷重建的流庆桥（又称八字桥），该桥横跨于柳溪之上，由紫红色砂岩（武康石）筑成，因为年代久远，两侧桥墩已经深入脚下泥土之中，桥身上依稀可见的“翠柳拂长溪平分八字，苍龙临下界绕护三清”“源远流长□□□□，祥迎庆集仿佛登流”等桥联，反映了当年市集的热闹。元明时期，陶庄商业进一步发展。元朝大文学家杨维桢曾游历陶庄，写下“村落成行市井连，日中云集自年年。刀锥有利图衣食，贸易无人索税钱。渔鼓画桥杨柳外，酒旗茅店杏花前”的诗句，可见商业已经具有一定规模。据说陶庄自净

积善桥

池往北沿柳溪河，经花园港、郎中桥、皮匠港，至木行矶、槐家埭一带，称北陶庄，蜿蜒四五里；南从登赢桥沿净池南滩，至大明港、积善桥往南经袁家汇、陆家汇往南，称作南陶庄，约二三里。有南、北两市，商业繁荣，当地有“天下十八镇，柳溪第一镇”的民谚，正德《嘉善县志》也称陶庄镇“土腴而谷嘉，西成之利，倍于他乡”[①]，反映了该地农业发达、经济繁荣的盛况。净池流经陶庄，是嘉善重要的一条湖泊，杨维桢游净池，曾留下“杨柳淡烟迷隔浦，桃花新水漫前滩。习家回首今何在，风物争如此地看”的诗句。袁氏家训《家难篇》中曾提到的“陶庄祖房”，即位于池南的袁家汇。该地背靠净池，南面为河流弯道，至今仍然是袁姓后人聚集的地区之一。

慈山碑记（本文记述了袁氏旧居历程）

2.嘉善魏塘镇

不过，袁了凡成长和长期生活的地方是在嘉善县魏塘镇。

魏塘镇的祖居最早由其祖父袁祥建造。据《袁氏家乘》记载，袁祥“六岁鞠于殳氏”，因为古人习惯用虚岁表达年龄，也就是说在袁祥五岁，刚刚对童年开始有模糊记忆的时候被芦墟镇（今属江苏苏州市吴江区）上的医学世家殳氏收养。殳氏没有儿子，将袁祥视作亲生，培养他成为医生，待其成年又招之为婿。不过袁祥尽管有亲生父亲袁颢的悉心传

① 正德《嘉善县志》。

授，又有继父的倾力教导，但终未能成为一代良医，因为他志不在此。他喜欢读书，喜欢与名士交往，常常到户外远足游玩，这让岳父大为不满。袁祥与妻子育有一女，在女儿很小的时候岳父就坚持为之择婿，招同乡钱萼为上门孙女婿。钱萼后来也跟随殳氏学医，并且学有所成，是江南一带远近闻名的医生，后来殳氏家产全部由钱萼继承，袁祥丝毫未取，也不在意。他妻子去世后，父亲袁颢见他茕茕孑立，形影相吊，着实可怜，便又为他张罗了一门亲事。他的第二位妻子是平湖巨室大户朱氏之女，朱氏应该是看中了袁祥的才华和名望，为女儿准备的妆奁甚为丰厚。凭借着妻子的这份陪嫁，再加上夫妻俩善于打理钱财，袁氏家道又开始兴隆起来。袁祥后来在魏塘镇上营建了一座新的庄园，占地面积很大，亭台楼阁俱全，设计精巧，环境宜人。袁黄之父袁仁在《家居八景赋》中有详细描绘：

芦墟镇

吾父……自筑室于亭桥之浒。堂之东复筑一厅，植杏于庭，而以轩临之，曰“怡杏轩”。东北有园，植药草三十余种，曰“种药圃”。轩之东起小楼，楼前有山，曰“云山阁”。阁后有垩室，曰“雪月窝”。窝之北有池，植藕其中，曰“半亩池”。上有桥，曰“五步桥”。绕池皆植芙蓉而虚其南，曰“芙蓉湾”。湾之南植蔷薇，而周围以木架之，曰“蔷薇架”。

袁祥常常邀请客人们来此吟诗作赋，品花咏月，对酒当歌，畅快欢乐之余就把凡尘俗务都忘记了，可见生活过得十分惬意。

袁仁从小就生活在魏塘镇的这所大宅子里，但是后来随着袁氏家族的日渐壮大，人口的不断增加，老宅显得越发局促，在这样的情况下，袁仁成家立室后便决定在老宅南边临近处再添一处家族成员的住宅。袁黄出生不久，袁仁这房就搬入了新居，这件事袁黄在他所著《新筑半村居记》中有过详细的记述：

> 嘉靖癸巳，四子庆远生，旧厦隘不能容，爰筑室于其南，中为堂三楹，堂之前为门，门临溪，即所谓魏塘河也。

东亭桥的位置在今与老亭桥路交会的中山路，东西横跨菖蒲泾上。菖蒲泾曾是魏塘镇南北向的一条重要河流，向南与华亭塘交汇，但是后

半亩池遗址

来水流渐小，逐渐隐埋于今亭桥路下。明末清初时，袁氏庄园曾为相国钱士升（1574—1652）颐养天年的息园。清代乾隆年间，息园归曹庭栋家族所有，改名东园。咸丰十年（1860），袁家的这处老宅在兵燹中焚毁。不过袁祥当年垒石而成的慈山和种莲养鱼的半亩池还保留下来，虽历经沧桑，原貌仍存大半。袁黄故居，也即袁仁后来增建的新宅，已经荡然无存，位置在今嘉善县第一中学南至中山路一带。

（二）嘉善的人文地理

嘉善县位于杭嘉湖平原东北隅，县政府所在地魏塘镇东邻上海80公里，西连杭州90公里，北接苏州90公里，处于“长三角”经济圈的中心。境内气候温和，四季分明，空气湿润，阳光充足，属于北亚热带南缘的东南季风气候。嘉善县土地肥沃，物产丰富，盛产稻、油菜籽、生猪、蚕茧、蘑菇及蔬菜等，还有银鱼、汾湖蟹等特产，自古有“鱼米之乡”“丝绸之府”的美誉。嘉善县为“水乡泽国”，湖泊密布，景色优美，红旗塘、嘉善塘、芦墟塘、汾湖、长白荡、祥符荡、马斜湖等将这里装点得水天一色，古镇西塘为江南六大水乡之首，被联合国教科文组织列入世界文化遗产预备清单，是全国首批十个历史文化名镇之一。

嘉善县的设立距今已近600年的历史。清光绪《嘉善县志》有“因旧有迁善六乡，俗尚敦庞，少犯宪辟，故曰嘉善”①的记载，可见其名得自这里民风淳朴、地嘉人善，饱含赞美之情。俗话说“一方水土养一方人”，嘉善人自古以来就勤劳善良，努力上进，“人文郁勃，风气淳庞，土沃而民饶”“士慕文儒，沃土腴壤，民不劝而耕”“忠孝节义，甲于嘉

---

① 〔清〕江峰青等修、顾福仁等纂：光绪《嘉善县志》卷一《区域志·沿革》，台北：成文出版社，1970年。

禾。理学科名，声高东国。麟麟炳炳，自昔攸闻”“师古好学，其民淳朴易治”等赞誉不绝于书。

历史是根，文化是魂。钱穆先生说：“各地文化精神之不同，究其根源，最先还是由于自然环境有分别，而影响其生存方式，再由生活方式影响到文化精神”。人的性格是自然和社会环境的折射，嘉善的水乡风貌不仅滋润了这里的一湖一土、一草一木，也陶冶了水乡人的情操，培育了他们“上善若水”的品格。《道德经》说：“上善若水，水利万物而不争”“夫唯不争，故无尤”，是水的柔和、坦荡和奔流不息成就了嘉善人性格中的温敦从容、宽容大度和好学上进，也孕育了嘉善人文化、信仰和信念中“善”的特质。这种“善”不仅仅是个体行为的善良，也可以理解为一种公共意识上的奉献和无私，正如西塘古镇卧龙桥上楹联所书：“愿天常生好人，愿人常行好事。”老子讲“大道泛兮，其可左右。万物恃之以生而不辞，功成而不有，衣养万物而不为主”，大道似水，无所不至，泽被万物，但又从来不自居主位，争名夺利。这也是“善”的最高境界，“避高趋下”是为人的谦逊，“奔流到海”是信念的执着，“刚柔相济”是处事的能力，“海纳百川”是心胸的广阔，如果能像水一样具有滋养万物的德行，使万物得到它的利益，而又不与万物发生冲突、矛盾，这就是全天下最大的“善”。先哲名贤“善性莫如水”的诠释在人们的意识中积累、沉淀，遂又影响了人们的处事态度和价值取向，《了凡四训》是人们“善”理念的思想结晶，继承了中华民族几千年来的传统文化精髓，包含了丰富的道德伦理观念，与新时期社会主义核心价值观一脉相承。

三、积善之家，必有余庆

袁氏家族本为书香世家，只是迫于政治原因转而从医，但是因为家学渊源，历代袁氏后人读书不辍，虽不能科举出仕，然则著书立说，造福乡里，对其家族长期发展来说无疑具有积极意义。袁黄在这样的家庭文化熏陶下长大，除了自小接受了良好的教育，还耳濡目染了父辈重义轻利、匡时济世、与人为善的情操，对其日后成为有影响的思想家、慈善家和文学家起到了重要作用。袁黄之子袁俨曾说，袁黄“学不名一家，业不擅不方”，学识渊博可谓“综贯百氏”，儒、子、史、禅、玄等样样精通，叶绍袁也曾称颂袁黄“一代之宗工，百家之汇海”，他的学识和成就都应该与家学密不可分。

（一）家族历史

袁了凡祖上世居江南，祖籍为嘉善陶庄，元末明初为当地殷实之家，《袁氏家乘》称其家“元末家颇饶”。到袁了凡高祖袁顺时，袁家拥有土地40多顷，堪称当地巨族大户。袁顺，字巽之，别号杞山先生，是明代大儒方孝孺的弟子，地方上著名的六经学者。他学问博洽，豪侠好义，有气节，如果有人急事相求，不论寒暑早晚都会起身前往，受到时人敬重。与同乡的杨任、胡士高等人共同创立了礼义社，“皆勇于为善而奔义若赴”，实践礼义之学。这或许就是袁了凡后来完善功过格并践行善学思想的重要源泉。

袁家命运的转折点出现在明初“靖难之变”后。1402年，燕王朱棣（即明成祖）通过靖难之役登基，方孝孺以“燕贼篡位”为由，拒绝为新帝草拟诏书，由此招来灭门之祸，其弟子也颇受牵连。再加上前朝翰林学士黄子澄曾在姑苏（今苏州）知府姚善处密谋匡复前帝（即明惠帝朱允炆）基业，姚善与袁顺为密友，常往来袁家，因此袁顺及其家族也成为网中之鱼。其兄长、族人被拘捕，家族田产悉数没入官，幸亏当时袁顺出门在外方才躲过一劫。他死里逃生，被迫出走，隐姓埋名，以童子师为业，陶庄的那些祖房大多被拆毁，只余镇上一些产业。永乐十一年（1413），皇帝敕谕三法司免去黄、袁等远亲被通缉之罪，袁顺方才结束四处流离的逃亡生活，携妻子、母亲定居于与嘉善仅有汾湖之隔的吴江，并一度改了姓氏，以教徒授课为业。后来仁宗皇帝朱高炽君临天下，洪熙元年（1425）四月，下令礼部释放前朝拘押方孝孺事件中的无辜受害者，发还其田产，袁顺这才返回陶庄老家。后来官府退还了部分房产，在地方官绅的帮助下，还有一些被个人侵占的袁家田产也得以返还，当然这个过程还有些复杂，袁顺让那些年富力强者返还一半田产，另一半算作还佃；有些始终拖着没有还清的，袁顺只让他们退出了十分之二三；至于那些完全依赖袁家产业为生计的穷苦人家，袁顺就不再要求归还了。如此一来，袁家本来四十余顷的田产，实际上只要回了十二分之一。值得一提的是，袁顺生性豁达，对于财物这些东西不太看重，秉着千金散去又何妨的心态，临终之前，他把这些剩余的田产又分给了族中那些贫弱之家。由此可见袁氏的为善思想是有家传的，即使在家境不好的情况下，也会坚持扶助乡里，为善一方。袁顺虽然命途多舛，但在地方上却颇有威望，他所做的最后一件大事，是宣德五年（1430）为新设嘉善县县治选址定位。当时，袁顺因为博学善谈被地方父老举荐给大理寺卿胡概，负责查探县境形势。袁顺后来因为身体抱恙，让年仅二十岁的儿子袁颢代表嘉善父老说服胡概打消建城于西塘的初衷。袁黄在后来编写万历《嘉善县志》的时候对这件事进行了详细记述。

从被迫逃亡，到改姓隐居，再到回归故里，袁顺一生充满波折，其家族也是历经磨难，但是明初劫难的影响并没有完全宣告结束。虽然生活还在继续，但是袁氏子孙受袁顺政治立场问题的牵连，昔日耕读饶富之家从此泯然仕途，这对袁氏子孙前途和命运的影响是极为深远的。

永乐十二年（1414），也就是袁顺移居吴江后不久，幼子袁颢出生。

对于袁顺来说，这无疑是一件天大的好事。其实早在“靖难之变”前，袁顺就已有一子，因为受其牵连被迫流放，最终未能活着返回家乡。很难想象袁顺在获知独子离世消息时内心会是何等的伤痛和内疚，不过从他离世前散尽家财来看，或许他早已将一切看空，死亡是另一种方式的解脱吧！袁颢出生时，他的母亲已经步入中年，加之早年经历变故，常年忧心哭泣，身体羸弱无乳。当时袁顺以教书为生，经济并不宽裕，上有白发苍苍的老母在堂，下有嗷嗷待哺的幼儿需要抚育，再加上刚刚生产，体弱多病的妻子，显然已经分身乏术。夫妻两人担心养不活儿子，正好此时芦墟（今属江苏苏州市吴江区）徐孟彰家有女早夭，袁顺和徐孟彰是好友，经过商议，徐氏便将袁顺的小儿子接到他的家中抚养。洪熙元年复田令下达后，袁顺回到嘉善，而袁颢则继续留在吴江长大。徐氏无子，为报其养育之恩，袁颢成年后入赘其家为婿，故而后世有袁颢吴江籍一说。

袁颢，字孟常，号菊泉。明永乐甲午（1414）六月二十四日寅时生，弘治甲寅（1494）九月初十亥时卒，寿八十一岁，配芦墟徐氏良医孟彰公女。毕生以行医为业，治病救人，积善无数。虽不仕举业，但常怀救民疾苦之心。曾在吴江担任过二十九都二副扇一册里长之职，《嘉善县志》将其列入名录。“二十九都”即芦墟、莘塔一带；里长，相当于现在的社区主任一职。正统十一年（1446），妻子不幸过世，“感淑顺不复娶。堂后构一室，曰：杞菊山房。左图右书焚香晏坐”。袁颢过世后夫妻合葬于芦墟东杜圩，即现在的北袁家浜，是为袁家浜地名由来。后人辑录其生前言行，著有《袁氏家训丛书》。袁颢生三子，分别为袁祯、袁祥、袁禧。祯，字文善，号杏轩，传芦墟一支；禧，号杏邻，传庵前一支。

袁祥（1447—1504），字文瑞，号怡杏，自小被魏塘镇良医殳恒轩收养，长大后入赘殳家，行医济世，家境颇为丰足。袁颢死时，袁祥已经成为一位颇有名望的医生。妻子殳氏亡故后，袁祥续娶平湖巨室朱家之女。

有了朱家财力上的鼎力相助，加上夫妇善于打理家产，袁氏家道日隆。袁祥在嘉善修筑的庭院非常有名，其子袁仁曾在《家居八景赋》中提到，父亲曾将殳氏所分魏塘镇之房产悉数赠予女婿钱萼，自己则在亭桥之浒筑室居住，而亭桥一带正好有一处袁家别业旧址（现在嘉善一中校园内），院内有“怡杏轩”“云山阁”“雪月窝”“半亩池”“五步桥”“蔷薇架”等佳处，据后人推测这里可能是袁了凡的出生之所。袁祥深受父亲熏陶，不仅精通医术，学识上也是出类拔萃，他博闻强记，熟悉典章掌故，生平著述颇丰，家有藏书两万余册，有“文献之家”的赞誉。死后葬嘉善东亭桥北西菖蒲泾，后迁葬姑苏白杨山，相传墓旁有茶园百亩，康熙中为五世孙亦临卖尽，遂不知冢穴所在。殳氏生一女，适嘉善钱萼。朱氏生一子，名袁仁；一女，适嘉善沈扬。

袁祥生子仁。袁仁（1479—1546），字良贵，号参坡，明诰赠文林郎。明成化己亥六月二十七日子时生，嘉靖丙午七月初四日卒，寿六十八岁。生来聪颖，过目成诵，博学好问，是个难得的读书种子。明人王畿曾亲自著《袁参坡小传》介绍其生平，并称赞他不仅洞识性命之精，雅彻玄禅之奥，还深入研习儒家经典，此外天文地理、历律书数、兵刑水利之属，靡不涉其津涯。袁仁在当地威望很高，曾被选为“耆宾”，主持地方的祭典。袁仁对儒学具有很高的造诣，与本县郁九章（天民）、谭舜臣（稷）、沈概（一之），平湖陆文选（中坡），嘉兴包凭等，以及沈周、唐伯虎等为诗文好友。袁仁还与大学者王阳明、王艮（心斋）、王畿（龙溪）等有交往。袁仁写得一手好字，以致当时所谓“赵孟頫书法”，大半出自他的手笔。不过，他最钟情的还是悬壶济世、治病救人，著有《内经疑义》《本草正讹》《痘疹家传》等百余卷书。袁仁一生娶了两位妻子。原配夫人王氏（魏塘王孟璿次女），在袁仁38岁时撒手人寰，留下袁衷（字和卿，号雨三）、袁襄（号春谷，邑庠生）二子。继配夫人李氏（嘉善李月溪女），生三子三女，三子为袁裳（字垂卿，号星槎，精天文星学）、袁表（黄）、袁衮（字补卿，号观海，邑庠生，奉例儒官），另外三个女儿，长女嫁嘉善钱南壬，次女嫁嘉善张高标，三女嫁嘉善钱晓。袁黄是袁仁第四子，为袁仁五十五岁所得。万历前期，因为袁黄举业成功，恩封“知县”荣衔。

袁黄，原名表，字坤仪，号了凡，明万历丙戌进士，直隶宝坻县知县，晋兵部职方司主事，东征赞画，加四品服，追赠尚宝司少卿，崇祀嘉善、吴江乡贤祠。嘉靖癸巳（1533）十二月十一日生，万历丙午（1606）七月卒，寿七十四岁。配高氏，继配沈氏，俱诰赠恭人，合葬嘉善胥五区大西收字圩独社浜，《传》载邑乘。生一子：俨，沈氏生。

袁俨（1581—1627），原名天启，后改名俨，字思若，号素水，天启五年（1625）进士。曾任广东高要知县。天启七年（1627），高要夏秋两季连续遭遇水涝灾害，城中积水达一米深。袁俨四处奔走救援，由于过度劳累导致呕血，病卧在床后仍坚持亲理民事，最后病逝。后被吴江、嘉善

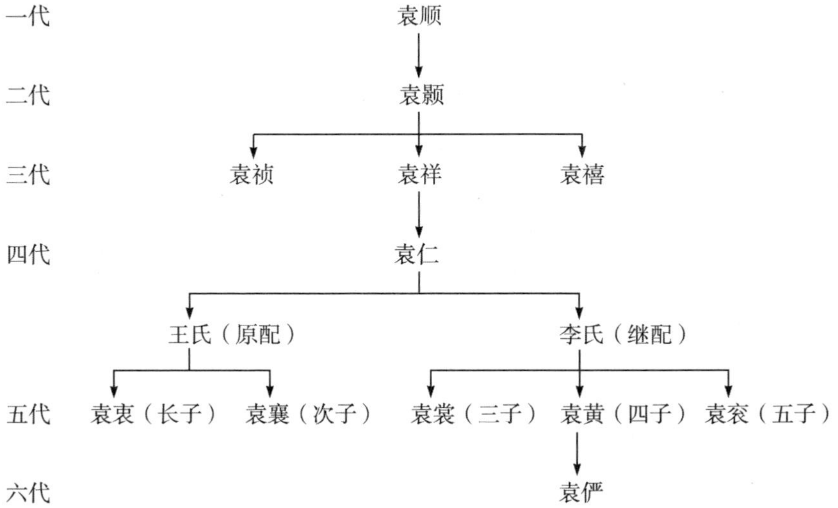

明代嘉善袁黄家族世系简图

两地崇奉入乡贤祠。

（二）家风家训

所谓“家风”，是指一个家族在漫长繁衍生息过程中形成的较为稳定的生活作风、价值观念和精神风貌等。“家训”是家族长辈在立身、处世、为学等方面对子孙的教诲。嘉善地处江南腹地，风俗淳朴，人情温厚，文人才智之士，学识渊博之辈，代有其人，留下了丰富的历史文化遗产。嘉善袁氏为当地名门望族，元明以来一直行医济世、耕读传家。袁了凡高祖杞山先生仗义疏财，抱忠守义，不惜家道中落；其祖父怡杏先生不争家产，独处偏室，即使生活拮据，也不多收病人诊费；袁了凡敢于冒着丢官殒命的危险为宝坻百姓请命，还曾数次动用私产赈济穷人，以至于自家药铺入不敷出，难以为继。以上这些都是袁氏子孙对其家族“重义轻利、匡时济世”“积善行善”“谦虚修德”精神的传承。嘉善袁氏自明代起，数百年间，书屋延香，行医济世，代不乏人，这无疑与家族良好的家风熏陶、严格的家训教导密不可分。可以说，袁了凡的出现，其思想的形成，既是袁家几代人教育培养的结果，也是底蕴深厚的嘉善地方文化滋润的产物，是佛家所说的，善因结出的善果。日本学者酒井忠夫在其《中国善书的研究》中指出：“袁了凡的学问和思想，创造的原因是他的家庭传统对他的影响。”

1.袁颢与《袁氏家训》

袁氏家族的家训著作有好几部，最早的应数袁了凡曾祖袁颢撰写的《袁氏家训》。该书最早刊刻于成化年间，包括《家难》《主德》两篇。其中《家难》主要是回忆袁顺因为拥护旧主而使全家罹难、携母逃亡以及家族财产大部分损失的经过；《主德》叙述了长辈口授家传的有关建文帝朱允炆的美德、善政等事迹，借以教育子孙不要忘记先帝嘉谟善政，同时要后世牢记在黄子澄事件中深受牵累的本邑70余户忠烈之士，继承他们为道义不惮殒身灭族的精神，并以之作为故家风范。迨至袁颢八十岁时，又写下了《民职》《为学》《治家》三篇。后世流传的《袁氏家训丛书》即是由这两部分辑刻而成。此书传本较少，今上海图书馆藏有明抄本。

袁颢在《家难》篇中提到，靖难之役后，袁氏一度丧失了科考资格，既然子孙不能步入仕途，那么就不必再枉费心思追求位尊官显了。家族子孙最应该做到的是行为端正，言必谛审，行必确实，读书明道，约己济人，如果能够学问日进，道德日茂，知书明道就更无愧于天地了。所谓四民，士、农、工、商，袁氏子弟既然不能应举，力耕未必适合，工、商也不为士绅家庭之所愿，最好的职业就是选择悬壶济世了。行医之人最接近于仁善。掌握了医学技术不仅可以养家糊口，还可以施惠于大众，救人于疾困。为了勉励子孙努力学习，成为一名合格的医者，袁颢还根据多年行医经验，从“医之志”“医之学”“医之识”“医之慎”“医之养”“医之术”“医之量”“医之言”“医之行”“医之守”等十个方面总结了医生应该具备的职业操守和专业素养，以启迪后人。

袁颢对子弟读书非常重视，认为只有摒弃心中一切杂念，方能习得真实学问。他回忆自己年少举业时，“四书”“五经”都曾潜心研读，颇知读书的好处。后来遵从父命放弃科考之后，再埋头读书便发现与之前感受大不相同，没有得失心横亘于胸，以一颗纯白之心读圣贤之书，才能更加自然地将书中学问融汇于心，怡然于胸，触类旁通，才知道以科举为目的的读书累人不浅。所以正确的读书方法，首先是要摒除心中纷纭杂念，洁洁净净，胸襟湛然，然后从容打开书卷，恭敬习读，就好像与圣贤面对面地交流，俯下头读书，扬起头思考，每一个字都要知道它的来源，每一句话都要有自己的见解，这才是真正的学问。

对于治家，袁颢总结出一个字“俭”。他认为“俭”有多种好处：首先可以养德。无求于人，寡欲于己，这样德行才会有提高。其次可以养志。人之所以志气卑污，都是欲望所累。只有以刻苦勉励自己，用清修养育神气，才能志气高洁，就像范仲淹断齑画粥，诸葛亮淡泊明志那样。再次可以养廉。节用则少求，生活清贫则会长久。此外，俭还可以养福。前面忍受不足，后面留有余地，什么事能比这更快乐呢？因为他习惯了节俭，所以八十年来，他没有因为饮食不好而嗔怪过任何一个人，也没有因为烹饪粗糙而产生过一丝妄念，守好自己的心，就不会有大的过错。

在为人处事方面，袁颢劝导子孙踏踏实实做事，本本分分做人，不要和他人产生争竞之心，这样就能省却许多是是非非，这是他活了八十多年的经验之谈，希望子孙后代能够遵守。

袁颢在书中的所思所想，都是其人生阅历之感悟，情真意切，字字珠玑，没有陈腐的观点和套路，“救世助人”“积善行善”“谦虚修德”等训诫的提出，不仅能让人感受其对后人的谆谆教导和殷切期望，也为人们做人、处世、读书、治家等提供了很好的借鉴。《续修四库全书总目》对袁颢所著家训有“可为后人楷模”的赞誉。

2.品行端正、博学慈爱的袁仁

袁仁毕生悬壶济世，不仅医术高明，有多部医书传世，还是一位学术造诣很高的学者，与同时代大儒王阳明、王艮（号心斋）、王畿（号龙溪）等在学问上有交往，跟唐伯虎是知己。王畿曾亲自为他写传，称他“博极群书”。他人品端正，节操高尚，做事认真，友人刘光浦曾称赞他为“世之完德君子”。袁仁以贤能闻名于地方，曾被选为“耆宾”，主持地方的祭典。袁仁重视孩子的“训蒙”，在这方面不仅有着丰富的经验，还有着让世人赞叹的远见卓识，其内容被收录于《庭帏杂录》[①]一书中。庭帏是古人指代父母居住的地方，《庭帏杂录》是袁了凡兄弟五人（袁衷、袁襄、袁裳、袁黄、袁衮）根据父亲袁仁、母亲李氏夫妇平时对他们的训示，经回忆、整理而成的一部杂记。这在古书中可谓是一部形式新颖独特、别开生面的回忆录，它以后辈的视角，记录父母的言行教化，通过后辈的“换位思考”，去体味前辈的用心良苦，循循善诱，同时也给后世提供启示和借鉴。原书内容驳杂，涉及为人处世、孝亲敬长、乐善好施、见贤思齐等诸多方面，可以说它是古代士绅家庭成员间交往的真实记录，也是家族文化传承的重要载体，就其性质来说接近于家训，但在写作人身份上又与传统家训截然不同。以下便是《庭帏杂录》中袁仁教育子女言行的部分总结。

第一，为人忠厚，品行端正。

袁仁喜欢用讲故事的方式，深入浅出，循循善诱，来教授孩子做人处事的道理。他曾对儿子们讲，北宋名臣韩琦做了三年谏官，打算效仿古人做事谨慎机密的态度将劝谏文稿全部烧毁，但是又担心后人看不到皇帝虚心纳谏的美德，于是就收集被皇上采纳的谏章以及能够表明皇上圣德的奏章，编成《谏垣存稿》流传后世。韩琦这种扬君之美的做法与当朝许多臣子劝谏不为朝廷，只图哗众取宠、博取名声的行径大相径庭，高下立见，韩琦才是真正的忠厚。他还说，孔子有言，“性相近，习相远”，人的秉性在刚出生时是相近的，但是后来随着环境习惯的变化而差异越来越大，所以在漫长的人生中，一定要谨慎学习，时刻不忘初心。

沈科在被授予南京行人司副职的时候，曾来袁仁处告别，袁仁对他

---

① 该书最终由袁仁女婿钱晓整理而成，被收入《丛书集成初编》；台北新文丰出版公司于1985年将之正式出版发行。

说："前人说仕途险恶，乃毒蛇聚会之场，我觉得有点言过其实。君子正好可以借此机会来提升自己的修养。毒蛇未成形时，要谨慎避开，只要品行端正，秉持正义，毒蛇自然会心生敬服；要善于察言观色，不要争强好胜，能够在言谈举止上处人之下，就可以消减别人的怨怼。假使毒蛇已然成形，那就坦然面对，它用恶毒来攻击，我就以仁慈之心接受就行了。"言下之意就是，官场上首先立身端正，做好自己，让别人没有可以指摘的地方，自然就会少受人攻击；不要处处与人争短论长，要学会吃亏，这样自然不会引来无妄之灾。即使遭受恶毒攻击，也没有什么可怕的，顺其自然，身正不怕影子斜就行了。

袁仁还曾经教导袁黄说："韩愈写的《符读书城南诗》，一味教导儿子为求取富贵而读书，有识的人对此很轻视。我如今教你们正心诚意，能做到吗？"袁黄回答说："能。"袁仁问："此心怎样才能端正呢？"袁黄回答说："心中没有邪念就是端正。"袁仁又问："念头怎样才能真诚？"袁黄回答说："没有虚伪就是真诚。"袁仁听后斥责道："你说的都是口头上的虚话！怎么能这样回答我呢？必须要切实思考怎样做心才能端正，念头才能诚恳，这样才会有所收获！"

第二，通达人事，言语谨慎。

袁仁教育孩子讲话适可而止，不说无谓之言，不作无妄之语。他说，《中庸》所说的"庸言"，是指有关孝悌忠信的言论，然而也要尽量谨慎少言。即使说一万句话，每一句都很恰当，也不如沉默不言。他还引用《礼记·曲礼》所说："到办丧事的人家中祭奠，如果不能给予财物上的帮助，就不要问人家需要多少钱；探视病人，若拿不出馈赠礼物，就不要问人家需要什么；接待宾客，不能够给人家提供住处，就不要问他住在什么地方。这些做法最能体现人情事理。为人处世要谨言慎行，如果遇到争讼自己不能调解，就不要追问争执的缘由；看到受灾之人无力帮助，就不要问人家遭受的痛苦；如果赈济不了穷人，就不要问人家缺什么。”做人做事，量力而行，非礼勿言，既保护自己，也不给别人增添困扰和麻烦。他还说：“只有见解精妙，才能够讲出有助于提升修养的言论；只有涵养深厚，才能说出高尚的道理。那些见解浅陋而爱说大话的人，还有修养浅薄而常讲空话的人，都是儒门的罪人。”

据袁黄回忆，父亲袁仁接人待物，总是如沐春风般和蔼可亲。但是仔细观察会发现他对待不同的人总是稍有区别。接待俗人的时候，他态度严肃，寡言少语，别人说什么，他都会连声称是；接待长辈时，他会收敛才智，摒却浮华，作出谦卑低下的姿态认真倾听；接待后辈时，他则会根据情况，相机进行教诲，态度非常诚恳；只有在接待志同道合的朋友时，他才会自然随意，高谈阔论，语惊四座，或者与朋友独处时，会用委婉的话进行批评，使人为之一惊。

做人要不忘初心，学会感恩。他对儿子们说：“每日头顶苍天，就不会觉得它有多高；终日脚踩大地，就不会觉得它有多厚。也是这样的原因，草木不会感谢雨露的恩泽，子女也不会感谢父母的养育。所以有远见卓识的人，应该回归本源，懂得知恩图报，不要糊里糊涂什么也不做。”要学会谦虚，“量米的斛满了，人们就会用木板刮平它；人要是骄傲自满了，上天也会修理他，把他刮平。这是金玉良言。越是知识渊博、见多识广，为人处世越应显得愚蠢笨拙；即使学问能够做到天下第一，也要保持朴素无华的作风；就算是道德高尚，为众人仰慕，也要时时谦虚自处。不等状态达到圆满，就知道把自己刮平的人，即使是鬼神，也拿他没有办法”。做事要把握好分寸，“自己喜爱的东西，不要随便向别人讨要；自己常犯错误，不要要求别人不犯错误；自己难以办到的事，不要命令别人去干”。他还说：“童子涉世未深，良心没有丧失，常常保存此心，便是成为圣贤的根本。”

据袁裳回忆，有一天父亲设宴款待朋友们吃饭。友人刘光浦当众称赞他品性高洁，令人敬畏，做什么事情都不马虎，可以称得上是一位道德完美的君子。但是袁仁却说："我怎么敢当呢！我曾经反躬自省，觉得自己还有十处不足尚未改正。正想仰仗在座诸位，帮助我把它们一同清除干净。"王天宥问："哪十种呢？"袁仁回答道："外表看起来奔波劳碌，但是内心却闲散放逸，虚度光阴，这是第一过。听闻别人有过错，嘴巴上不敢说，但是心里却腹诽不停。有时遇上那个人，也不能帮助他改正，这是第二过。看到别人贤德，怎么能不心生羡慕呢？但想到自己达不到人家的水平，就放过自己了，这是第三过。偶尔遇到突如其来的不顺心的事，自己反省不到位，不能够让别人有所感悟，这是第四过。一味爱惜自己的名节，不能宽宏大量容忍别人的过错，这是第五过。[①]虽然整日都在防范邪念，但却不能做到没有妄想，这是第七过。犯了错就很后悔，痛不欲生，想着以后永远不要再犯同样的错误，可是结果日复一日，不知不觉中，很快又重复犯错，这是第八过。布施财物而不能空其所有，忍受羞辱而内心仍然纠结不能排遣，这是第九过。极为羡慕清净的梵行而不能断绝酒肉，这是第十过。"在座顾子声听完后恭敬地说："受教！"而后回头对着袁仁的儿子们说："你们都记住了，你们的父亲是诚心实意要减少错误啊！"

第三，治心养性，收其放心。

《庭帏杂录》中很大的篇幅都是在写袁仁如何教育孩子读书和写作，可见他对孩子文化教育的重视。孟子说："学问之道无他，求其放心而已矣。"就是说，做学问没有别的方法，就是将失去的本心再找回来罢了。求放心是做学问的根本，而学问只是枝叶罢了。对于孟子的话，袁仁

---

① 注：原文缺第六过。

非常赞同，他教育孩子为学要先有根本，才能不出差错。

对于读书，袁仁很推崇何孟春的说法。他对孩子们说：“何孟春在《余冬序录》中把自己的话做了归类。如说做学问写文章，应该以配得上古人为标准，不能以比当下普通人做得好就满足。孝悌忠信是道德的根本，只有培养得淳厚，才能根深蒂固，也才能枝繁叶茂。他还说，读书要一字一句地体会，推诸己身，由己及人，才能发现古人用心之处。如果想要进步，就不要别有他好，才能取得完满成就。他还说，精力集中到一点，就没有办不成的事。读书要先令心思不乱，凝神静气，自然能够明白其中的道理。他还说过，学问里面以见到自己本性为最难。如果真能见到本性，道理就随处都可以显现了。坐着就伏在几案上，站着就垂于衣带上，喝酒时就藏在酒樽里，吃饭时就显露在笾豆上。见性的人，登上马车，车上的铃铛都会与之对话；弹奏乐曲，钟鼓也能够与之交谈。因此他做什么事都不会感觉到不合适，至于世俗学问，君子是没有时间在上面耗费气力的。他还说，学问要从修身养性中来，还要辅助以玩古之功。积累三个月的粮食，可以走上千里的路，但是要记住欲速则不达的道理。这些都是你们要铭记在心需要好好学习的。”

袁仁认为作文、句法、字法，都要有源流，言必己出，言必有物，不能胡写妄为，不能抄袭，不能模仿，精辟的见解要经得起时间的考验。文风要正，不能伤风败俗，误人子弟的文字决不能写。写文章之前要考虑清楚，不要盲目下笔，如果只是苟且于模仿，没有独到的新意，写出来也只会索然无味，没有意义。袁黄还曾回忆，在他小时候学写文章之初，父亲亲自在其作文本首页写下了八条戒文，即“不要抄袭；不要和别人写的雷同；不要肤浅地理解；不要在非常得意时下笔；不要在写文章时想庸俗之事；不要以鄙陋浊秽的观念来轻率推测真谛；不要自以为是地批判别人；不要因为偷懒而懈怠”。

袁仁批评当时许多人写文章喜欢拟古，遣词造句晦涩难懂，又或者用两三个字就代表一句话，以此炫耀自己文风高古，甚至还会使用断不开的句子，要想品味其义理情趣，茫茫不知所以然，味同嚼蜡。这都是写文章的大忌，要以此为戒，切不可沾染类似的习气。袁仁非常欣赏宋代王虚中在写作方面的态度，他对儿子们说："王虚中说：'词语不能随意减字，减了就会显得生硬穿凿，容易失去语词的本义；同样也不能随意添字，添字不仅多余，还会改变原义。'这是很关键的话。当然写文章只会遣词造句还是不够的，要通晓文章的旨趣才能做到精深。你们读书，不要一味盯着词句去理解，一定要揣摩词语背后的意义，这样才能体味文章的精神，才会从中受益。"

袁仁认为文章是一个人品性的体现，正人君子为文一般都文通字顺，道理通达；如果是奸邪小人作文，必然艰涩崎岖。读书人有三种品格，追求道德品性者为上，有志于建功立业者次之，有志于荣华富贵者最下。他说，当世有些家庭孩子天赋稍微高点，父母师友就期望他长大能够荣华富贵。在这样思想下成长起来的孩子即使有幸成功，也只是追求荣华富贵，其他的，如建功立业、道德修养之类的，就什么都不知道了。他对儿子们说："我传授给你们知识，不是为了将来你们可以身居高位，因为那是上天安排的事，我只是希望你们可以提升自己的道德品性。人不能总是请求上天护佑，而是应该不放弃追逐自己的梦想，努力去做自己能够做到的事情。比如要想身体保持清洁，就必须清除污垢；想要治愈疾病，就需寻医问药。三国时期的曹子建喜欢别人批评他的文章，一有错误立即改正，他的做法值得学习，其实不仅是写文章，进德修业皆应如此。"

谈到作诗，袁仁对儿子们说："要从自己的真性情出发，以中和雅正为方法，以人伦物理为基础，以温柔敦厚为宗旨，凝神静气，聚精会神，从而达到超脱颖悟的结果。"袁仁特别重视真情实感，认为只有把自己真实的感情叙述出来才能称得上诗人。他说，周敦颐曾在《和费令游山》中写道“是处尘劳皆可息，时清终未忍辞官”，是真的发自肺腑的由衷之言，温柔敦厚，让人心生敬佩。而那些心恋荣华，却装作清高脱俗的人作出来的言不由衷的诗句，只会令人心生厌烦。

第四，尊崇儒学，笃信佛教。

袁仁不仅是一个饱读诗书的学者，还是一名虔诚的佛教徒。他对儿子们说：“六朝时期的颜之推，家法最正，流传也最久。颜之推曾作《颜氏家训》，谆谆教育子孙要尊重儒家正统和学问。宋朝的宰相吕蒙正，每天早晨都要祷告，希望家中能有虔心向佛之人。结果，不但他的侄孙成了贤相，其他的后世子孙，如居仁、祖谦等，也都是有名的贤良之人。这是我们家应该效法的。”

袁仁笃信因果，认为可以不礼佛，但是不能对佛不恭敬。他说：“我所见过的毁坏佛像、驳斥佛理，以及拆除僧房、侵占寺基的人，他们的子孙后代都不怎么兴旺，有的还遭遇了离奇的祸患。庸庸碌碌之人姑且不论，像昆山的魏祭酒崇儒辟佛，在广东为官时，毁坏了六世祖慧能遗留的铜钵，在乡里又拆毁寺庙改建书院，最终竟绝嗣，过继的儿子也没有后代。聂双江在任苏州太守时，以弘扬儒学、消灭异端为己任，劝僧人蓄发还俗。一时间，上行下效，当时的名人如陆粲、顾存仁等，都做过侵占寺产改作农田的事情。我听说聂公最后没有子嗣，即使有，估计也不会兴旺。我的朋友沈一之，孝悌忠信，古貌古心，是一位淳厚的儒者。但是他也反对佛教，最近还做过拆毁庙庵改建家庙的事情。此外，岳州陆秀卿也一心拆毁淫祠，其他庙宇也遭受波及。依照沈、陆两人淳厚的心肠、高尚的品性，子孙绵延百世是应该没有问题的，可是他们诋毁佛法，蔑视宗教，能够没有报应吗？你们终会见到结果，我是来不及了。”

第五，治病救人，增重德行。

袁仁的三子袁裳，幼时聪慧，母亲想让他读书举业。袁仁不同意，说："这个孩子是个福薄之人，恐怕不能享受爵禄。而且他的寿命可能不长，不如让他勤学六德六艺，做个好人。医生可以救治病人，最能增重德行，等他再大些，就让他去学医吧。"于是袁裳十四岁读完"五经"后，父亲就把他送到文衡山先生那里学习写字作诗。结婚后，父亲就亲自传授给他古代医书，让他像研读经史那样用心学习，并告诉袁裳，行医有八件事需要铭记在心：（1）志向要远大，做事要小心。（2）学问要广博，专业要精通。（3）见识要高远，态度要谦卑。（4）气量要宏大，操守要廉洁。（5）要有慈悲恻隐之心，以拯救世人病痛为己任。（6）虽然需要有宏大的志向，但是用药要时刻谨慎，处处以人命为重，不敢随便用药，不能轻易开处方，这就是所谓的小心。（7）医学内容极其广博，要上察气运于天，下察草木于地，中察性情于人。（8）医学博大精深，要认真学习，就像用竹竿捉知了，用箭射穿虱子的心脏，丝毫不能分心，这就是所谓的专。他还告诉袁裳："穷究天理可以养心，就像天空中的朗月，无所不照。见到病患的苗头，就能知道它的发展趋势；观察到病患的迹象，就能知道它的起因。这才是高超的见识。行医还要虚怀若谷、心态平衡，不要嫌弃贫贱的人以及污秽不堪的人。如果病人疾病缠身，要耐心救治他，这就是所说的态度要谦卑。与同行相处，自己医术有独到之处，就要和别人交流，别人有好的地方，也要从其善而学之。不要有所隐瞒，不要区分你我，气量要十分宏大才好。病人家属正沉浸在痛苦之中，要深切体恤别人的感受。收取酬金，有钱人出够医药费即可，而穷人的钱是断不可收取的。在别人全家都愁眉苦脸的时候，自己怎能忍心要别人的钱而自肥呢？一定要警戒呀！"

袁仁对于孩子的教育，不是程式化的空洞说教，而是言传身教、循循善诱、教勉结合，这种和风化雨式的文化浸染，更容易让孩子在潜移默化中受到陶冶，它的渗透力和影响力是任何强制性、严苛性教育所不能达到的。在祖辈、父辈的启蒙和教导下，袁黄自小接触的都是勤奋进取、治病救人、品格高尚的贤良，耳濡目染的是重义轻利、匡时济世、与人为善的思想，接受的是救世助人、修身积德、积善行善、谦虚修德等教化训诫，这对他后来成为极具影响的思想家、慈善家、文学家具有不可忽视的作用。

3.“身教大于言教”的李氏

母亲是孩子的启蒙老师，她的一言一行、一举一动都会潜移默化地影响孩子。纵观历史上有建树、有作为的名人，他们背后大多数都有一位品行端庄、教子有方的母亲，她们的事迹，如孟母三迁、“子不学，断机杼”，田稷子母训子勿贪，陶侃母“截发筵宾”“封坛退鲊”，欧阳修之母“画荻教子”，岳母刺字等为后世广为传颂，教育了一代代中华儿女成为国家的栋梁。袁了凡也不例外，他的母亲李氏虽然生活在那个男尊女卑的年代，连个名字也没有留下来，但是从《庭帏杂录》的记述中可以知道她是一位有着高尚人格的伟大女性，不仅能够对袁仁前任妻子所生的孩子视若已出，而且贤明正直、慈爱智慧，虽然话语不多，但是对子女时刻能够做到以身作则、立身示范。她的勤俭持家、体恤贫穷、宽以待人、以德报怨等美德时刻熏陶着孩子，对他们思想的最终形成起到了举足轻重的作用。女婿钱晓在《庭帏杂录》的序言中，曾用“贤淑有识，磊磊有丈夫气，观兹录可以想见其人矣”来盛赞她，可见她以身体力行来鼓励孩子们通往成功之路。此外，袁仁夫妇信仰佛教，还将敬信三宝当作必须遵守的家法。家庭教育为袁黄思想的形成播下了最初的种子。

第一，胸襟宽广，善待继子。

李氏作为“填房”嫁入袁家，当时袁参坡已有袁衷、袁襄二子，尚在幼年，李氏对他们视若已出，不仅在衣食上悉心照料，还给予他们缺失的关怀和爱，因此孩子们都把李氏当作亲生母亲看待。但是李氏并没有因此居功自傲、沾沾自喜。古人说，“身体发肤，受之父母，不敢毁伤，孝之始也”，为了让他们铭记孝道，不忘生母养育之恩，李氏亲自带领他们祭祀亡者。长子袁衷曾深有感触地回忆：“生亲去世一年后，继母来到家中，当时亡母灵位尚在，继母每天早晚都会把饭供奉于灵位前，即使逢年过节父亲不在家，她也会带着我们兄弟两人躬行祭奠。有时还会流着泪说：‘你们的生母不幸去世得太早，你们来不及奉养，能够为母亲做的也就唯有祭祀了！’”

李氏后来又为参坡先生诞下三个儿子，她始终能够做到对这几个孩子一视同仁，并且教导他们兄弟间不能钩心斗角、争名夺利，而是要兄友弟恭、长幼有序。一个夏雨初霁的日子，袁参坡要几个儿子赋诗。四子袁黄的诗做得又快又好，父亲击节称赞。这时正巧有人送葛布来，他便让裁缝给四子做了一套衣服作为奖励。但是李氏知道后却不高兴，她对袁黄说：“你的哥哥们都还没有新衣服，你这么做将他们置于何地呢？”所以一直到袁参坡前妻的儿子都做了新衣服之后，才拿出新衣服让袁黄穿。

二子袁襄曾回忆说：“母亲对待我们比她自己亲生的儿子还要好，天不冷的时候就忙着为我们赶制棉衣，还没有感觉到饥饿，她已经为我们准备好餐食了，亲友们馈赠的瓜果馔食，她一定会留给我们。等到我们娶妻生子之后，她对待我们的小孩，依然如自己的嫡亲孙子一样。连我的媳妇都感念婆婆的照顾，哭着对我说，即使是亲生母亲，也不能够更好了。”读之让人泪目。俗话说“老吾老，以及人之老；幼吾幼，以及人之幼”，李氏虽然没有读过多少书，但是她的见识和气度，应该不输那些饱学之士。李氏的善良与慈爱赢得了全家的爱戴和尊敬，儿子们个顶个儿地孝敬，儿媳妇们娘家哪怕送来一点点东西，她们都会首先送给婆婆享用，这就是将心比心、以情换情的妙用吧！

第二，勤俭持家，乐善好施。

袁家到参坡先生这一代已经较为富足了，但是李氏坚持勤俭持家，以便省下更多的钱物去周济穷人。家里的远亲和久不来往的亲戚前来拜访，李氏一定会殷勤接待，如果来访者家境贫寒，李氏还会在其所送礼物基础上加之数倍馈赠回去；如果是路途遥远的，还会加赠舟车费用，多方周济，唯恐自己做得不好。陶庄有两位姑姑，是远亲，早已出了五服，她们来得特别勤，每次来，李氏招待得都特别周到，就算待的时间很长，也不厌烦。

五子袁衮回忆说："有一年的九月份，天气渐渐变凉了，四嫂准备买上等的丝绵做冬服御寒，但是母亲不同意，她说：'三斤丝绵就需要一两五钱白银，而一斤棉花只需要五钱。家里人用棉花做的衣服过冬足矣。省下来的银子，可以多买些旧的、小块的布料，洗干净缝补好，去救助那些贫困的人。恤穷济众，是天下第一等的好事，平时只怪自己能力小帮助的人少，如果能够随时注意节约，就能做更多好事了。'"在她的感召下，袁氏一族都热心公益，一心向善。嘉善袁氏的善行，受到乡人的交口称赞，这样的人家，没有福报，是不可能的。

第三，身体力行，教之以正。

李氏重视孩子的教育，很小就教给他们接人待物、洒扫应对的礼仪和规矩，"坐立言笑，必教以正"。袁家自"靖难之变"后被迫行医，袁黄少年时，朝廷宽宥罪臣之后，袁氏子孙得以重新参加科举。袁母对两个小儿子寄予厚望，常常陪伴他们读书到深夜，袁衮长大后还经常记起，小时跟随四哥挑灯夜读，母亲在一旁做女红相伴，有时一直到半夜，兄弟俩睡着了她才回去就寝。这种耐心的陪伴和无声的鼓励，无疑给了孩子强大的前进动力。"勿以恶小而为之，勿以善小而不为"，从点滴之处给孩子做榜样，行先于言，培养孩子良好的品质，是李氏给予孩子最好的教育。有一次，兄弟们放学回家的路上，见到蚕豆熟了，他们偷摘了一些回来。母亲看到了很是生气，严肃地告诉他们：“农家种植辛苦，靠这些维持生计，怎么能私自采摘人家的东西呢？”随后，命人赔付人家一升米。李氏上街购买柴米粮蔬，平秤付人银子都不行，每次都要多加一点儿，孩子们不理解，她说：“宁可自己吃亏，也没有让别人吃亏的道理。小户人家生活艰难，不可亏欠。每次多给人一厘，一年也不过多花费五六钱银子，从别处节省就可以了，对内不让自己损失，对外也不让别人亏损，我这样做已经数十年了，你们也要这样做，不要更改。”

第四，待人以宽，以德报怨。

李氏对自己要求严格，待人却非常宽厚。一次儿媳下厨烹制了一条鳜鱼，让仆人端给她吃，过后问她味道如何。李氏愣了一下，旋即说好吃。后来儿媳知道这条鱼被仆人偷吃了，就疑惑地问她没吃却为何要说吃了，她回答：“你问我鳜鱼味道如何，我就知道了你的孝心。我如果说没吃，你必然会怀疑仆人偷吃了，我不想因为自己的口腹之欲而彰显别人的过错啊！”

她的高风亮节、宽容大度还体现在与邻居相处的日常中。沈家与袁家毗邻而居，但沈家对袁家一直很不友好。袁家有棵桃树越过围墙伸到沈家院子中，沈家就将桃枝锯掉了，李氏知道后不但没有责备，还说应该锯。沈家的枣树枝也伸到袁家院子里，李氏没有睚眦必报，她对孩子们说，这是邻居家的枣子，你们不准偷吃一枚。并且告诫家仆们要好好守护。枣子成熟，李氏请来沈家女使，当着她的面摘下来，放在盒子里，送归沈家。还有一次，袁家的羊跑到沈家的菜园中被其仆人打死了，次日沈家的羊也恰巧窜到了袁家这边的菜园，仆人们很高兴，想着可以好好报复一下出口气，但是却被李氏即时制止了，她让人将羊捉住后送回沈家。后来，沈家有人生病，袁参坡亲自上门问诊，并赠以医药。李氏对周围邻居说：有了困难互相扶助，这是邻里间的大义。后来沈家因病致贫，邻居们纷纷拿出银两相助，李氏还多拿出了一石米给沈家送去。李氏的宽容大度、以德报怨让沈家很是感动，多年积怨化解为无，此后两家姻戚往还，关系和睦。

袁黄的祖父袁祥在世时曾在亭桥西浒的空地购置了一处房屋，袁仁去世后，李氏根据他的临终遗言，将房子疆界问题告知儿子。她说，房子的西边，是王鸾家的屋产。当初他家房子新建就赶上县丞严厉执行防火巷建设，按照规定，王家的房子要被拆除。袁仁出于同情，同意拆除自家房屋代替，当时只是让县丞批了张公正帖。李氏特意嘱咐孩子们要体谅他们父亲的用意，体恤邻居，宁可委屈自己，也要方便别人。这就是袁仁生前经常说的："君子为人处世，要宽容别人的错误，不要想着被别人宽容。宁可别人对不起自己，也不要自己对不起别人。"如果万一被别人宽容，或者万一辜负了别人，不仅有愧于父亲，也有愧于天地，难以做人啊！

第五，与人为善，积德后世。

李氏宽厚仁慈。据说，有一富户嫁娶，其家大船经过李氏门前时，突然风雨大作，船撞坏了袁家船舫。于是邻里一起出动，揪住操船的人，让他们赔偿。李氏听说后，就问："新媳妇在船里吗？"在得到肯定答复后，李氏派人感谢了邻居，并请他们放行。她说："人家娶媳妇，图的是喜庆，若在路上赔了钱，公婆家必然会认为新媳妇不吉利，因此怪罪新娘子，不如让他们走吧，免得耽误了新婚夫妇的吉时。况且我们家的船舫已经年久失修，快要腐烂了，此时遭遇大风，加上他们船又大，人难以掌控也是自然的，希望大家宽大处理吧！"李氏看事通达，与人为善，她明白成全别人也是在成就自己的道理，从而为子孙积福泽于无形。

自古英雄出少年，少年时代的袁了凡，恭敬孝顺、勤勉好学，开始因为父亲早逝，遵从母命，研读医术。他在学医之余也博览群书。后来受到云谷禅师的启发，他又将志向转向了仕途。与《了凡四训》相印证，根据袁仁女婿钱晓整理成的《庭帏杂录》一书可以看出，了凡先生的思想及家教家风受父母和云谷禅师影响深远。

袁黄画像

一、袁家有子初长成

嘉靖十二年（1533）腊月十一，袁了凡出生于嘉善县魏塘镇，此时距袁黄祖父袁祥入赘魏塘镇殳家为婿已经过去了整整八十年。袁了凡是袁仁的第四个儿子，当时袁仁五十五岁，已经步入知天命的年纪，老来得子，自然不胜欣喜。他在《嘉禾记》中将这个开心的时刻进行了详细记录：

时嘉靖癸巳岁也。客有朱生永和者，善望气。七月至余家谓："瑞气葱郁，当有善征。"及嘉禾生，朱生复至。余指谓曰："此非所谓吉祥善事耶，尔言验矣。"朱曰："庆色方新，更有进于是者。"十二月十一日，生第四子。是日，朱适自云间返，笑谓予曰："此足庆矣。"因字之曰"庆远"。然嘉禾实兆之。爰追纪其颠末。他日儿子有知，当务秋实，毋务春华也。

由此我们知道袁黄是伴着"祥瑞之征"来到尘世的。他出生之前，有一个叫朱永和的客人，善于卜算，说他们家瑞气葱郁，必然有喜事发生。后来自家田里长出了双穗禾苗，袁仁就向朱某询问这是不是他口中所说的喜庆之事。朱说，好事情才刚刚有苗头，还要再等等。同年十二月十一日，袁仁的第四个儿子，也就是袁黄降生。此时朱某正好从松江府返还，高兴地前来祝贺说，这才是你们家值得庆祝的大喜事啊！袁仁也很高兴，他认为双穗禾是个好兆头，让儿子以"庆远"为字，希望他长大后，务必追求秋实的成熟务实，而不要贪慕春华表面的荣光。袁黄甫一出生即被寄予厚望，袁仁父爱之深沉一目了然。

（一）嘉善陶庄，茁壮成长

袁黄的童年是快乐而幸福的。在父母的精心呵护下，他尽情地吸收着阳光雨露，自由地享受着如茵时光。陶庄是他童年的乐园，在这里他和兄弟姐妹们一起茁壮成长，同小伙伴们到处玩乐嬉戏。等到他稍大一点儿，父亲就开始教他读书识字。他自幼聪颖，小小年纪已崭露出过人的才华。四五岁时能将近千字的《汾湖赋》倒背如流，嘉善的历史以及汾湖和魏塘的故事更是了如指掌、娓娓道来。甚至文人骚客留在嘉善的墨宝，他都能如数家珍，信口拈来，其中元代陆宣所作"翠岩亭下问棠梨，上客问舟过柳溪"，程翼所作"楼船载酒汾湖上，万顷玻璃新绿涨"，王佐所作

"湖光远带柳溪水，春色好在桃源家"等，他都印象深刻，极为推崇。有了这些积累，再加上勤奋好学，袁黄很小就会吟诗作对。每逢春节前夕，他总是和私塾先生们到街头最热闹的地方，在事先搭起的长台上，摆开笔墨纸砚，忙碌地为常年摇橹打鱼的船民、终日操劳耕织的农民、准备回家过年的长工、生意兴隆的店铺挥写春联和"福"字。虽然袁黄年少且身材矮小，但是字迹清秀，思维敏捷，写对联不仅出手快，而且句子顺，口彩好，深受小镇居民的喜爱，有时候一些大户人家也会上门求取。袁黄写春联的名气越来越大，每天忙得不亦乐乎，汾湖沿岸的村庄都知道陶庄袁家出了个小"神童"。

青春懵懂时期，他也曾年少轻狂，常常与同乡少年结伴出游。他与汾湖北岸的叶重第（袁黄同榜进士，叶绍袁之父，曾任河北玉田知县）秉性相投，交往最厚，他们喜欢相约在汾湖沿岸村镇寻旧访古，也会雇船到二十九都"南役圩"寻访"江东步兵"张翰之墓，凭吊其为避八王之乱，"秋风起兮木叶飞，吴江水兮鲈正肥。三千里兮家未归，恨难禁兮仰天悲"，遂辞官回乡，"营别业于枫里桥"的潇洒不羁、恃才放旷。他们还曾循着南宋名臣陆秀夫的足迹前往陆家漾（据说唐代文学家陆龟蒙曾在此居住），并且费尽周折找到汾湖北滨的"鸭栏泾"，无非是想探寻一下陆龟蒙养鸭的地方。

陆龟蒙头像

所谓"少年功夫老有成"，吴越地区山水清幽，人文荟萃，深厚的地域文化充盈了袁黄的精神世界，也让他的学识和见识日有所进，为他日后成为嘉善骄子奠定了良好的基础。

（二）父爱绵绵，悉心受教

袁仁是一位品德出众、学识渊博的雅士，虽然毕生以行医为业，不仕科举，但所交往的亲朋不乏博学鸿儒之辈。阳明学派是明代影响最大的哲学流派，创立者王阳明是我国著名的思想家、文学家、哲学家，陆王心学之集大成者，对后世影响深远。其弟子王艮、王畿等都是当时公认的社会名流，不仅学术造诣高深，更是治国理政的良才。袁仁与他们的交谊颇为深厚。

王艮（1483—1541），字汝止，号心斋，东台安丰场（今江苏东台市安丰镇）人，明代著名哲学家。祖辈世代为灶户（烧盐的苦力），家境贫困，后从王阳明门下学习心学，创立传承阳明心学的泰州学派。王艮一生以布衣传道，终身不仕。泰州学派在思想、文化、艺术和科学等方面均对晚明社会贡献颇大，其弟子有名姓可查者487人，其中被编入《明儒学案》者30余人。据说，王艮认为袁仁是“王佐之才”，曾引荐给王阳明。袁仁对王阳明并没有执弟子礼，王阳明也是以益友相待。袁仁直接向王阳明请教良知真意，王阳明作诗以答：“良知只是独知时，自家痛痒自家知。若将痛痒从人问，痛痒何须更文为？”也就是说，良知重在躬身实践，需要切身体会才可以。对于王阳明本人，袁仁应该是敬仰有加，其死后，袁仁不远千里迎其灵柩于途，与其弟子一同将之送回会稽，可见交情匪浅。但是对于他的学说，袁仁并没有全盘接受，而是有他自己的见解。袁仁认为，阳明学派一扫宋儒陋习，固然是件好事，但是只通过语言、文字灌输理论，教导别人，未免失之于“虚”。

王畿（1498—1583），字汝中，号龙溪，浙江山阴（今绍兴）人，明代著名思想家，阳明学派主要成员之一。嘉靖十三年（1534）中进士，后来官至南京兵部主事，因学术思想不为首辅夏言所接受而被罢黜。此

王畿像

后，在江、浙、闽、越等地来往讲学四十余年，所到之处，听者云集，年过八十仍周游不倦。其著述和谈话，后人辑入《王龙溪先生全集》。王畿与袁仁交往甚密，后来袁黄还拜他为师，成为其及门弟子。王畿对袁仁极为看重，在得知袁仁去世的消息时很是悲伤，亲自为其撰写传记。王畿称赞袁仁不仅学术功底深厚，能够“洞识性命之精，而未尝废人事之粗；雅彻玄禅之奥，但不敢悖仲尼之轨”，而且涉猎广泛，“天文、地理、历律、书数、兵刑、水利之属，靡不涉其津涯，而姑寓情于医。谓可以全生，可以济人”[①]。从以上这些介绍可以看出，就学术水平和地位影响而言，袁仁本人绝非泛泛之辈。

袁仁不仅是一位良医名士，还是一位懂得教育的好父亲。他重视孩子道德品质的培养，从小就告诉孩子们，“士”的品格有三等：有志于修养道德的为上等；有志于追求功名的为中等；有志于荣华富贵的为下等。他教导孩子们读书直接诵读儒家“五经”，认为只有熟悉了这些经典，才能事事以先儒之道为准则，避免被后世的空谈误导。他说学习要集中精力，全身心地投入，一字一句都要仔细体会，才能将书本上的道理融会贯通，并付诸实践。学习的最终目的是性明道，只有从养性而得者，才是真实本领。他提醒孩子们要慎言，认为古人崇尚言语谨慎，不仅仅要做到非礼勿言，即使是《中庸》提到的“庸言”，即有关孝悌忠信的言论，也

① 吴震编校：《王畿集》，南京：凤凰出版社，2007年，第814页。

要尽量少说，正所谓万言万当，不如一默。他提醒孩子们要存良知，他说童子涉世未深，良知没有丧失，要常思之，保存此心，便是成为圣贤的根本。他教导孩子们写文章要有“八戒”：戒抄袭，戒雷同，戒理解肤浅，戒得意时下笔，戒写作时思考庸俗的事，戒以鄙陋浊秽的观念来轻率地推测真谛，戒自以为是地批判别人，戒偷懒懈怠。

袁仁教育子女不是简单枯燥地说教，而是常常从生活细微之处入手，随时随地把道理潜移默化地传输给孩子。如据袁黄回忆，嘉靖二十二年（1543），在除夕的家庭宴会上，母亲对父亲说：“今晚是这一年最后一天。人的一生所做的各种事情，都有个终结，每每想到此处，便不免心生凄凉悲伤，有超脱凡尘之感。”父亲说：“的确是啊！佛家以腊月三十为死亡之日，也是比喻万物终有尽头。要在没到腊月三十日的时候提前收拾预备，到时才能避免手忙脚乱。”母亲问：“如何收拾准备呢？”父亲说：“以收心为开端，以明心见性为终结。”当时袁了凡正初学《孟子》，他站起来感叹说：“收其放心，也是做学问的方法啊！”袁仁满意地点了点头。因为得到父亲的肯定，袁了凡也更加努力将书本知识融会贯通。

袁仁还喜欢以问答的方式引导孩子思考。如有一次，袁仁说：“韩愈写《符读书城南诗》，一味教导儿子为求取富贵而读书，有见识的人对此很轻视。我如今教你们正心诚意，能做到吗？”袁了凡回答：“能。”袁仁问：“此心怎样才能做到端正呢？”袁了凡回答：“心中没有邪念就是端正。”袁仁又问：“念头怎样才能真诚呢？”袁了凡回答说：“没有虚伪就是真诚。”袁仁听后斥责说：“你说的都是口头上的虚话！怎么能这样回答呢？必须要切实思考怎样做心才能端正，念头才能诚恳，这样才会有所收获！”袁了凡立刻猛然一惊，心里有所觉悟。还有一次袁仁想给孩子们讲授真心不昧的道理，他说：“真心不昧。野葛（断肠草）虽然有毒，不食用就不会危害身体；情欲虽然危险，心不受污染，人就不会受到牵累。”袁了凡问父亲：“如何才能不受污染？”他回答说：“只要让真心不被湮灭，欲望自然就会消散。欲念偶尔泛起，要即时察觉，让其消散。如此而已。”

袁仁还非常注重言行合一、身体力行，时时给孩子们作出榜样。他常常教导孩子们不要以饮食伤害脾胃，不要以男女之事损耗元阳，不要以言语折损现在的福气，不要做缺德事遭天谴而贻害子孙，不要以错误的学术观点误导天下后世的人。他如是说，也如是做。袁了凡长大后，常常记起父亲从外边回到家，就把自己关在房间里静坐，即使是至亲也不会见。孩子们从门缝里偷看，只见香烟缭绕，父亲衣冠齐整，神情严肃，白胡子左右飘洒，整个人一动也不动，好像树木、雕塑一般。后来袁了凡也喜欢沉静，常常把自己关在屋中静坐冥想，很大程度上就是受到了父亲的影响。

长辈的言传身教是润物无声的，日积月累的熏陶会给孩子幼小的心灵埋下种子，然后生根发芽，根深蒂固，最后长成参天大树。所以不要轻视孩子们，他们年纪虽小，却时时刻刻都在学习和模仿。这就是人们常说的，大人如孩子的一面镜子，其一言一行都会直接影响孩子。袁黄长大后仍记得说，父亲待人接物，总是如春风一般和蔼可亲。然而仔细观察，就会发现还是稍微有些区别。接待俗人的时候，他态度严肃、闭口不言，别人说什么，他都连声称是，从不违逆。接待长辈时，他收敛才智，摒弃浮华，常常显示出谦卑低下的姿态。接待后辈，他则会根据情况，随意进行教诲，态度很是诚恳。只有在接待志同道合的朋友时，他才会高谈阔论，语惊四座，或者跟朋友单独交流时，在委婉的话里暗含着批评，使人为之一惊。听闻的人，一开始难免爽然若失，然而最后都安然叹服。这些看起来琐碎的事情，若干年后却能被袁黄时时记起，清晰如昨日，父亲对他的影响终其一生。

袁仁学说自成一家，他融合儒道、注重力行的学术思想对袁了凡兄弟产生了深刻影响，他的很多关于教育的真知灼见和传授方法直到今天对我们来说仍有许多可以借鉴的地方。

（三）承父遗志，刻苦攻读

古语说："欢娱嫌夜短，寂寞恨更长。"快乐的日子总是稍纵即逝，给人留下的总是漫长的追忆时光。袁了凡十三岁那年，也即嘉靖二十五年（1546），袁家出现了一个大变故，自此之后袁黄仿佛顿悟一般，言行举止，益发持重，他的童年时光随之结束。

那年，他的父亲袁仁病了，在家人看来只是一场小病，但是袁仁却未卜先知一般，命人把床榻移到堂屋，并对家人说："我的祖父和父亲都预知自己的死期，并且都是沐浴更衣、肃然端坐而逝的，没有哪个是病倒在床，拖累家人的。看来我如今也是大限将至了。"随后袁仁闭门谢客，每天只是安详静坐而已。到了七月四日那天，亲戚朋友都来探望，子女也随侧侍奉。袁仁沐浴更衣后，让袁黄把纸和笔在他跟前摆放好，他执笔在纸上写下一首诗："附赘乾坤七十年，飘然今喜谢尘缘。须知灵运终成佛，焉识王乔不是仙！身外幸无轩冕累，世闲漫有性真传。云山千古成长往，哪管儿孙俗与贤！"写完就投笔而逝。

袁仁本人对生死看得相当达观潇洒，可是他的离世留给亲人们的伤痛却久久不能平息。庆幸的是，袁家并没有因为顶梁支柱的离开而一蹶不振，甚至分崩离析，而是更加紧密地团结在了一起。李氏毅然承担起了养育子女、传承家业的重担。袁黄曾回忆说："我父亲健在的时候，家里宾客盈门，母亲常常应接不暇，而我却不见她丝毫忙乱。父亲去世了，家里冷冷清清，母亲很是孤单，而我却不见她闲着。"文字虽简单，但李氏的勤劳和坚韧却跃然纸上，袁氏家族能够互爱互助并且始终保持生生不息、一直向上的力量也肯定与她的努力息息相关。

父亲留给袁黄最珍贵的财产就是书籍。袁仁一辈子爱好读书，也喜欢收藏书籍，拥有藏书两万多册。他临终前吩咐把重要的书挑出来分送给侄辈，剩下的则交给四子袁黄收藏保管。看到年少懂事的儿子沉浸在丧父的悲痛中不能自拔，李氏指着书，流着泪劝慰说：“我没有机会侍奉你的祖父，所以不知道他是如何看书的。然而却见你的父亲博览群书，总是手不释卷。现在他把爱如珍宝的书籍留给了你，你如果继承了却没有看，就成袁家的罪人了啊！”母亲的话点醒了儿子，他很快从悲伤中摆脱出来，除了日常帮助母亲料理家中杂务，其余大部分时间都徜徉在知识的海洋里。他什么书都读，虽然有些随意取的书还不能完全明白意思，但是想到都是父亲所留，他就能坚持手不释卷，寒暑不辍。就这样坚持不懈，广泛阅读，袁黄进步飞速，很快成了同辈中的佼佼者。他后来的师傅、父亲的好友王畿曾毫不吝啬地夸赞他“聪明无比”，“最称颖悟，余爱之”。后来他还在母亲的鼓励下，带领年幼的弟弟读书，充当弟弟的老师，做好榜样。

（四）抉择：科举？行医？

在那个年代，科举几乎是读书人唯一的出路。一旦蟾宫折桂，步入仕途，不但可以光宗耀祖、壮大门楣，还有机会在政治上一展拳脚，实现心中的宏图伟业。少年便显露出卓异之才的袁了凡血气方刚，志向高远，自然对科举入仕跃跃欲试。

知子莫若母，袁黄的想法，母亲李氏心知肚明，但是她却深有顾虑。袁家自明初就世代读书行医，不应科举已经有数代了。这事还要从袁了凡的高祖袁顺说起。袁家当年是嘉善望族，有钱有势，却因为和建文忠臣黄子澄等交往而导致家破人亡，财产悉数收官。妻子苦苦守贞护家，长子谪戍北京，未能生还，袁顺则成为“政治犯”，四处躲藏。虽然十余年后，明成祖赦免了袁氏一族，袁顺将妻子从故乡接到吴江团聚，再后来妻子还为他诞下幼子袁颢承续香火，但是妻离子亡的经历，若千年后仍然让袁顺心有余悸，以至于以后的岁月他对政治一直保持回避的态度，甚至不止一次嘱咐儿子，务必以行医为业，守护家庭，爱惜生命，千万不能科举出仕。从他这一代起，袁家子孙基本上断了科举的念想。袁颢因为母亲身体孱弱，自幼为吴江名医徐孟彰抚养长大，后来继承徐氏衣钵，毕生以行医为业，此后袁颢后代一直悬壶济世，岐黄传家。从他撰写的《袁氏家训》中对明成祖篡位颇不以为然，且力颂建文帝的功德来看，袁颢应该是继承了父亲建文遗民的心态。这种态度也影响了他的后世。他的儿子袁祥曾特地跑到南京寻访故老遗民，撰成《建文私记》；袁黄在万历朝读到匿名的《建文遗事》时，还亲自写诗记之。

虽然不事科考，但是袁家世代对子女的教育却非常重视。袁颢妻子早逝，或者因为和亡妻感情深厚，抑或其他原因，袁颢并没有效仿其他殷实之家男人续娶的做法，而是将后半生的精力全部投入到对孩子的教育上。晚年，他对儿孙曾经有过一次语重心长的劝导，他说：“即如富厚一节，乃良民所当得者。然世间尽有愚蠢而多财，智慧而空之者，皆自有一定之分，不可致诘。若知其理，安而处之，岂不省事？”这种乐天安命的态度，可能源于他对生命无常的感叹，但也可能与他们家常年参禅悟道有关。在这种家庭环境中成长起来的袁氏子孙深信命理之说，这毫不令人感到惊讶。李氏嫁入袁家几十年，家族的兴衰她时刻记在心头。儿子袁了凡是一棵读书的好苗子，但仕宦的艰辛和风险却谁也不能预料。何况袁家自靖难之役后经过几代人的努力才重新获得如今的安宁、富足与良好的家声，她如何舍得再让儿子踏入政治旋涡呢？其实李氏的担心并非没有道理，从袁黄后来不算很长的为官生涯来看，虽然他雄心壮志，也满腹才华，但是个人的力量终究改变不了历史车轮的滚滚向前，袁黄所生活的年代，注定他只能昙花一现，随后即被强大的政治漩涡所淹没。此外，李氏劝导袁黄从医可能还与袁黄当时已经医术了得有关。据秀水名士冯梦祯所说，袁黄学问庞杂，于九流诸家无所不窥，尤其医术精湛，可见当时袁黄在医学方面已经有了较高成就。

思量再三，李氏将袁黄叫到身边，耐心地劝导说："你放弃考科举功名吧，我们家几代人都行医，学医不仅能够赚钱养家、颐养德性，还能够治病救人、积累功德。"袁黄不情愿地说："母亲，可是我还是很想读书啊！"李氏继续说："你父亲生前经常以'以一艺成名'鼓励你，希望你学好医术，继承家业也是他的夙愿啊！"袁黄是个孝子，平素对于母亲的话一向言听计从，非常尊重，何况此时母亲又提到了他最敬爱的父亲，只好低下头答应说："那好吧！"

二、人生的两次转折

人一生的成功可以归结为三个因素：个人、机遇和贵人。个人的努力是根本，机遇是条件，而贵人提携则往往是成功的关键。袁了凡在立志悬壶济世之后，陆续遇到了两个贵人，一个让他弃医从文，人生轨迹出现了重大转折；而另一个则把他从宿命论的窠臼中拯救出来，让他的人生从此豁然开朗。正是这两次转折，成就了他后半生的奋斗方向，鼓励他不断突破自我，努力成为更好的自己。

（一）慈云寺偶遇孔先生

慈云寺坐落于魏塘镇，初为三国时期东吴所建，后世屡有修缮，颇为雄伟壮观，是当地一个极有名的佛教去处。袁了凡十五岁那年，在慈云寺遇到一位老者，修髯伟貌，仙风道骨，颇有出尘世外之感，便和他恭敬地攀谈起来。老者见他温逊有礼，谈吐不凡，便很直接地说：“我看你的面相，应该是位仕途中人，怎么学起医来了呢？如果你现在专心读书，明年就可以考中秀才。”此话一出，如石子落水，袁了凡心中立刻泛起阵阵涟漪。本来行医并非他所愿，无奈家中悬壶济世已有几世，父母又期望他能将家学发扬光大，因此只好勉力为之，而读书科举一直是他心之向往。于是他将自己的家世和学医的来龙去脉向老先生和盘托出，并问老者高姓尊名，来自何方。老者说：“我姓孔，祖籍云南。曾在云游中得到邵子皇极数的真传。按照命数，我应该把此学传授给你。”此处提到的邵子，即北宋著名理学家、数学家、道士邵雍，又称百源先生，一生著有《皇极经世》《观物内、外篇》《先天图》等多部书籍。“皇极数”是《皇极经世》的俗称，为邵雍毕生研究《周易》所得，被誉为经天纬地的一部预测学著作。邵雍根据河洛数理，周易阴阳，再综合皇极经世，天地物理，人类进化的推衍，创立了“元、会、运、世”一套有规律的预测方法。可是

慈云寺阿育王塔

这部书过于深奥，能够读懂者寥寥无几，而孔老先生应该是其中之一。

袁了凡见老人相貌不俗，说话正中他心坎，但又不敢擅自违背母亲的意愿，该怎么办呢？袁了凡做事讲求“知行合一”，这本是明代大儒王阳明所提倡的。所谓“知”是指良知，“行”是指人的实践。他认为知与行应该是一体的，认识事物的道理与现实运用是密不可分的一件事情。他的这种认知影响了后代许多读书人，袁了凡就是其中的一位。袁了凡的内心受到了孔先生的触动后，立刻想付诸实施。于是接下来他主动邀请老人到家里做客。

回到家中，袁了凡将此事禀告了母亲。王氏没有发表任何意见，只是和颜悦色地吩咐儿子好好招待先生。

接下来的日子，孔先生为袁了凡细致推演了命理运数。结果发现，过往的即使是很小的事情，先生都推算得非常准确。于是袁了凡对孔先生更加深信不疑。强烈的读书念头让他找来最信任的表兄沈称商量。沈称正好听说本邑郁海谷先生在沈友夫家开设了学馆，于是便建议袁黄寄宿在那里，方便向先生请教。郁氏为嘉善望族，其家原住魏塘熙宁桥，与袁氏本就为世交，袁黄欣然前往。此后，袁黄拜郁先生为师，从其门下系统学习经义。

余下来的岁月，袁黄继续埋首苦读。

（二）栖霞山获云谷点拨

战国时期大诗人屈原有“路漫漫其修远兮，吾将上下而求索”的话语存世，这句话激励人们尽管人生漫长，但要向着自己的目标行进，只有不断地追求、奋斗、探索，人生才会有意义。其实，人活一世是需要一点儿野心和欲望的，如果凡事没有追求，没有方向，人会如困兽一般，茫茫然不知其所为，陷入一种消极怠惰的状态，袁了凡当时或许就是如此。在

栖霞山

他的认知世界中，一切皆有定数，科考、子嗣、寿命，全自上天安排，努力又有什么用呢？就在他觉得看穿人世，生活了无生趣之时，他的命运再次遇到了转机，这一次他遇到影响他一生的人——云谷禅师。

云谷禅师，法名法会，号云谷，祖籍浙江嘉善县胥山镇，俗姓怀。他幼年即看破红尘，投在本乡大云寺一位老和尚座下剃度为僧，十九岁后参学悟道，四处寻访名师，专做苦行，韬光养晦，帮助复兴栖霞道场，著有《云谷和尚语录》，是明代江南著名的得道高僧。他在栖霞山清修四十余年，七十三岁时由嘉兴名贤请归故山，葬大云寺右。

隆庆二年（1568），袁黄被选为贡生，按照规定进入北京国子监读书。在留京的一年时间里，他意志消沉，终日静坐，不阅读任何文字。第二年返回故里时，又要到南京国子监游学。在赴南京之前，他决定先去栖霞山拜访云谷禅师。此时的袁了凡已经三十七岁，尽管人到中年，满腹诗书，但在学业上并没有取得傲人的成绩，他的命运都在孔先生推演的窠臼中徘徊。对于前程，他似乎清楚明了，但又心灰意冷。来到栖霞山，袁了凡并没有急着倾诉，而是与云谷禅师对坐一室，这一坐就是三天三夜没有合眼。此后两个人就进行了以下对话：

禅师问："普通人之所以不能成为圣贤，只是因为被妄念纠缠。而你静坐三日，却不曾见起一丝妄念，这是为什么呢？"

袁了凡回答："我的一生已经被孔先生算得清清楚楚，荣辱生死，都由命运决定。即便想生妄想，也没有什么可想的了。"

禅师说："我把你当作豪杰，可原来你也不过是个凡夫俗子啊！"

袁了凡询问缘由，禅师继续说："凡人未能消除妄念，始终被阴阳气数束缚，怎能说没有命数呢？但是也只有普通人才会被命数束缚。极善之人，命数固然无法拘束；极恶之人，命数也拘束不了。你二十多年，都被孔先生算定，命运没有丝毫改变，难道不是凡夫俗子吗？"

袁了凡问："如此说来，人可以摆脱命运的束缚吗？"

禅师回答："命由我作，福自己求。《诗》《书》中所讲述的道理，的确都是明白的训诫。佛教经典中说，'求富贵得富贵，求男女得男女，求长寿得长寿'。妄语是佛教大戒，面对诸佛菩萨，怎么能用诳语欺骗人呢？"

袁了凡进一步问："孟子说'求则得之'，是人能够求于自己。道德仁义可以力求，功名富贵，如何求得呢？"

禅师说："孟子之言不错，是你自己理解错了。你没有听到惠能大师说'一切福田，不离方寸；从心而觅，感无不通'的话吗？求于内心，不仅能够收获道德仁义，功名富贵亦在其中啊！内外双得，这样的求才有益于得到。若不反躬自省，只是向外驰求，即使求的方法正确，但是否能够有所得只能听天由命了。这样只能内外双失，因此没有什么益处。”

禅师又问：“孔先生测算你的终身命运如何？”

袁了凡据实以告。

禅师说：“你自己估量一下，应该有什么样的功名？应该有子嗣吗？”

袁了凡追省良久，回答：“不应该。科举能够考中功名的人，大约都有福相。我是个福薄之人，又不能积累功德善行，约束自己的行为而培制深厚的福报根基；加之我对应付繁重的事务没有耐心，度量狭隘不能容忍别人；有时还会自以为才智过人，率性而为，随口胡说。这些都是福薄之相，怎么会适合考取功名呢？”

接下来，袁了凡继续说道：“污秽的地上往往滋生万千生物，清澈的水中却常常没有鱼生活；我太喜欢洁净了，这应该是我没有子嗣的第一个原因。和气能够化育万物，而我容易发怒，这是我没有子嗣的第二个原因。仁爱是万物生生不息的本源，残忍是破坏生育的根本；我常常因为顾惜声誉和节操，不能舍己救人，这应该是我没有子嗣的第三个原因。多说话损耗精气，这应该是我没有子嗣的第四个原因。喜欢喝酒消损精神，这应该是我没有子嗣的第五个原因。喜欢彻夜长坐，而不知道保养元气，应该是我没有子嗣的第六个原因。其他的错误还有很多，不能一一列举了。”

禅师说：“岂止是考取功名需要福报啊！世间享有千金家产的人，必定是有千金之命的人物；享有百金家产的人，必定是有百金之命的人物；即便是应该饿死的人，也必定是有饿死命的人物。上天不过是根据他们的资质而分别对待他们，何曾增添自己丝毫的意愿呢？就像生育子嗣一样，享有百世德福的人，其宗族必定有百世的子孙来延续；享有十世福德的人，其宗族必定有十世的子孙来延续；享有三世、二世福德的人，必定有三世、二世的子孙来延续；而那些香火断绝的人，也是由于福德机薄的缘故。

“你现在既然已经知道自己的错处，就要将从前不能够科举登第及没有子嗣的陋相，尽情改刷；今后务必积累德行，务必度量宽大，务必和善友爱，务必珍惜精神。从前种种，譬如昨日死；今后种种，譬如今日生。这就是行为和真理相应而再造的生命。

“人的血肉之躯，尚且有定数；义理之身，难道不能感通上天吗？《太甲》说：‘天作孽，尤可违；自作孽，不可活。’《诗经》说：‘永言配命，自求多福。’孔先生算你考不中功名，没有子嗣，这都是上天注定的不幸，尚且可以改变。你如今只要提升自己的道德品行，努力做好事，多积阴德，这就是自己所求的福报，怎么会享受不到呢？《易经》为君子谋划，帮助他们趋吉避凶。如果说天命恒定不变，那么吉利如何追求，灾祸如何躲避？《易经》开章就说‘积善之家，必有余庆’，你能够相信吗？”

云谷禅师用佛教善自获福、恶自受殃的因果报应思想，儒家的修善立命观念，以及禅宗的善恶福报义理，开导袁了凡掌握自身的命运，劝他放弃命运天定的认识。他告诉袁了凡命运是可以改变的，这无疑给陷入宿命论围城的袁了凡带来了思想的曙光。后来云谷禅师又出示功过格给袁黄，把功过格作为一种道德自律的工具，要求袁了凡把每日所做的事，按其善恶增减记数。云谷禅师对袁黄的“心性”修养影响最深最大，彻底改变了袁了凡的宇宙观，与云谷禅师相遇是袁了凡人生的重大转折点。

在栖霞寺云谷禅师的点拨下，袁了凡彻底改变了消极的人生态度，他之后的思想与行为大不同于以前。袁黄初号“学海”，从这一天开始改为“了凡”。因为他认为就在这一天他明白了立命的道理，而不想再落入凡尘俗事的窠臼中。从此以后，他每天都小心谨慎，便觉得与之前不同。此前只是闲散放任，到此时，心里自然升起畏惧警惕之心，在无人之处，常常恐惧得罪天地鬼神。遇到有人厌恶、诋毁，也能够怡然接受。人们都说，在对的时间遇到对的人，这些都是缘法。云谷禅师出现得太早，袁黄可能并不能从他的话中大彻大悟，如果遇到得太晚，则来不及改正一切过错，来不及积德行善，指点迷津也谈不上。正是在对的时间遇到云谷禅师，袁了凡的一生才从此不平凡。

三、我命由己不由天

国产动画电影《哪吒之魔童降世》中，有一句最火的台词：“我命由我不由天，是魔是仙，我自己说了算！”这句激情四射的话语一经播出，不知让多少人血脉偾张，激动不已。其实“我命由己不由天”这句话早在一千多年前的晋代就已经有了，最早见于道教元典《抱朴子》中。而现实中真正做到逆天改命，将“我命由己不由天”发扬光大的“哪吒”就是明代的袁黄，他可以说是比哪吒更励志的人物。

从孔先生那里，袁黄接触到了宋代邵雍毕生研究的预测学。这个学说认为自然界的万事万物都自有其运程，只要洞察玄机，便能推演命理，就是我们所说的未卜先知。或许是孔先生及其推演来得太过突然，袁黄还来不及深思熟虑，抑或是太过年轻，袁黄还没有能力建立起一套强大的可以抵御外部侵扰的价值观念体系，很快他就被宿命论思想冲昏头脑，在一次又一次地验证孔先生的预言后，彻底放弃了努力，颓废而不知所为者何。

就在他认为未来早已注定，迷茫不知何去何从之时，云谷禅师恰当其时、恰到好处的点拨，让他恍然大悟。此后，他的后半生开启了“我命由己不由天”的实践。因为认识到自己以前认知的错误，他把追求不堕落的凡夫思想作为自己的出发点，将原来自己的号“学海”改为“了凡”；因为有了新的努力目标和方向，他以“上思报国之恩，下思造家之福；外思济人之急，内思闲己之邪”的思想激励自己，完善自我，时刻保持上进的动力。可以说，袁了凡的改变，无论是精神上的，还是行为上的，都为他最终实现自我超越迈出了至为关键的一步。

（一）弃医从文这件事

按照《了凡四训》的说法，袁黄弃医从文的直接原因是慈云寺偶遇孔先生，在孔先生为他测算之后，欣然接受命运安排的结果。其实不然，细为分析他的家世及个人经历，就会发现科考入仕才是他内心真正的渴望，而且这种渴望并不只是他个人所独有，而是他本人及其父祖几代人共同的企盼。

众所周知，明代早期，袁黄的高祖袁顺卷入政治旋涡，使其家族备受磨难，不但失去了大部分财产，袁顺本人还一度隐姓埋名避居外地，这个时期为官从政根本无从谈起。此后连续几代，袁氏成员以行医为业，远离政治，休养生息。正如袁颢在《袁氏家训》中所说，从商力田皆非所宜，唯有行医既能救人，又能积累功德，一举两得，最能传家。可见行医对于袁氏来说是赖以谋生的权宜之计。而袁氏祖辈对后代最重要的教育还是读书。袁黄的高祖袁颢虽然毕生行医，却始终以读书人自居。到他儿子袁祥这一代，随着家境的日渐转好，开始将主要精力放在读书写作和与名人雅士交往上，袁氏文学声名开始远近传播，袁颢和袁祥父子还因为博学多识、精通典故为家族赢得了“文献之家”的美誉。袁黄父亲袁仁不但医术精湛，而且精通儒学经典，此外天文地理、历律书数、兵刑水利等均有所涉猎，交往的人物也都是王阳明、王艮、王畿、唐伯虎等江南名士，可见此时的嘉兴袁氏已经跻身当地颇有声望的读书世家。不过在文化发达、才子如云的江南，因为家族中没有科举出仕的成员，业医行儒的袁氏要成为望族还很难。《袁氏家训》中有袁了凡对父亲的这样一则回忆：

> 古人有言：畸人（特立独行）硕士（饱学之士），身不容于时，名不鲜于世，郁其积而不得施，终于沦落。而万分一不获自见者，岂天遗之乎？时已过矣，世已易矣，乃一旦其后之人勃兴焉。此必然之理，屡屡有征者也。吾家积德，不试者数世矣，子孙其有兴焉者乎。

从这段话中可以读出袁仁对于家族成员不参加科举的遗憾，以及对子孙能够振兴家族的殷殷期望。其实，袁氏虽然几代行医，但是从不是一个单纯的医学世家，其家族成员不仅能够看病，还精通五术，而且“代有著述”，著作有《内经疑义》《本草正讹》《痘疹家传》等传世，接近于孙思邈眼中理论与实践兼具的“大医”标准。此外，他们还拥有比普通医者更大的志向。这个家族即使在最贫困、最落魄、距离政治最远的时候，也没有放弃过读书。家庭条件变好之后，读书写作的气氛更浓，这从家族成员屡有经注和文集问世且很多族人以读书人自居就可以清楚看到。封建社会下的读书人往往以儒家倡导的“穷则独善其身，达则兼济天下”为信条，他们的理想大多与修身、齐家、治天下相关，坚持让子弟读书，很大程度上代表着不放弃科举入仕的希望。当历史演进到袁仁所处的年代，随着社会经济的发展、政治氛围的宽松，袁氏子弟希望通过科举改变个人及家族命运的意愿越发强烈和迫切。袁黄自小在父亲的耳提面命下成长，对于父亲的期望自然了然于胸。潜意识里，他早已将父亲的愿望当做了自己的志向，因此孔先生的到来只是给了他正大光明的理由来拒绝母亲让他承袭父业的要求。同时，从《了凡四训》的记载来看，母亲知道了他的最后选择，并没有激烈反对，甚至只是要求他招待好孔先生，袁黄母亲的内心深处恐怕也是希望儿子能够科举入仕，去更广阔的天地大展拳脚的，只是作为母亲，她觉得科举之路太过艰辛和渺茫，她不忍心看到儿子失败而已。

慈云寺偶遇孔先生对袁黄来说固然是一次重要的契机，但是袁黄本人的努力也是他敢于改变命运的底气。袁黄自幼勤恳好学，长大后更是手不释卷，广泛阅读，学问日益精进，称赞他的学识为同龄人中的翘楚毫不过分。他父亲的至交好友，也是袁黄的老师王畿曾毫不吝啬地夸赞他，聪明无比，在诸多青年中最为颖悟，是自己最喜欢的学生。由此不难看出袁黄最后能够科举成功靠的不仅仅是机遇或者运气，他自己的努力与付出才是至为关键的。正如一位哲人所说："不要以为机会就像一个到你家拜访的客人，他在门前敲着门，等待着你开门把他迎接进来，恰恰相反，机会是一件不可捉摸的活宝贝，无影无形，无声无息，假如你不用苦干的精神努力去寻求它，也许永远也遇不见。"

（二）冲破命运的桎梏

在栖霞山接受云谷禅师的教诲之后，袁了凡迷途知返，他认识到一个人的命数其实是可以改变的。就如同一个极善的人，虽然吃尽苦头，但是因为做了善事，行善的快乐会让他苦中作乐。行善不仅可以改善心境，还可以改变命运，会让贫贱短命变成富贵长寿。而同样，一个极恶的人，本应享受富贵长寿，但是因为做了恶事，就会受到折福的报应，从而贫贱短命。行善和作恶是人行为的两极，因为选择不同，同命运的人会结局不同，不同命运的人也会殊途同归。总之，行善会自然得福，作恶会自然折福。因为明白了这个道理，袁黄如脱胎换骨般对人生的认识有了质的飞跃。袁了凡原本号“学海”，含“书山有路勤为径，学海无涯苦作舟”之意，表明他读书、做学问的志气和愿望。在明了立命之学后，他为自己改作“了凡”，即脱离凡夫俗子的思想，不再糊里糊涂、随意率性，而是要谨慎恭敬、戒骄戒躁，时时、事事秉持公心，不随意评判别人，即使被人讨厌、诽谤，也要淡然处之，不让心底蒙尘。也正是他的修身、修心和积极行善，使他的命运开始改变。

中国知识分子特别倡导知识与实践、学问与美德的合而为一，即知行合一，袁黄就是一位重要的代表。他认识到自己过往做过的种种错事之后，将之不论罪责的大小轻重，全部在佛前毫无隐瞒地坦白。孔先生之前算他不登科第，终生无子。此时，袁黄相信云谷禅师的话，只要自己力行善事，多积阴德，争取福报，这些上天注定的事情都是可以改变的。他在佛前坦露真心，诚恳作了一篇祝文，请求佛祖保佑能够考取功名，并发誓愿意做三千件善事，以报天地祖宗的恩德。

结果事情真的像云谷禅师所说的那样，袁黄的命运开始逆转。

穆宗隆庆四年（1570），也即袁黄许愿后的第二年，他参加礼部主持的科举考试，之前孔先生算他考取第三名，然而他却出乎意料地考了第一名，孔先生的预测开始不灵验了。而且袁黄当年秋闱即中举人这也是孔先生没有预测到的。虽然科举十分顺利，但是袁黄丝毫没有得意和骄傲，反观自身，他认为自己的品行还不够纯洁，行为处事还有许多需要改进的地方。比如见到该做的善事没能勇敢地去做；有时救助别人时还会心存疑虑；虽勉力为善但会说一些过于夸张、激切的言论；清醒时尚能保持操守，一旦喝醉酒便放纵不羁。如果将善行当作功劳，将不足当作过错，时光就在这样的将功抵过中虚度了。

栖霞山佛祖面前立下志愿是在隆庆三年（1569），直到万历七年（1579），历经十余载，袁黄才算真正把三千件善事做完。当时他正随从李渐庵[①]入关，没有来得及回向。万历八年（1580）返回南方后，才请性空、慧空诸位高僧，到东塔禅堂回向。随后发起求子的心愿，同样是许诺再行三千件善事。第二年，生下儿子天启，孔先生推演袁黄无子的结论也在此时被打破。

此后数年中，袁黄越来越深入地感受到云谷禅师传授的“立命”学说是一种精微深远、朴素而正确的道理。他将其融入自己的生活，不但认真钻研，还努力用它来改变自己的人生，走出一条不受推演之命运束缚的人生道路。

① 李渐庵，生于公元1533年，卒于公元1599年。名世达，字子成，陕西泾阳人。嘉靖三十五年（1556）进士，曾任南京吏部尚书，万历十五年（1587）六月至十八年（1590）五月任刑部尚书。为人刚正，执法不阿，有古大臣之风。

中国古代知识分子总是有以天下为己任的家国情怀，忧心江山社稷，关心民生疾苦，追求人生理想，袁黄就是这方面的典型代表。他为学生时就喜欢研究学问，书不论古今，事不分轻重，都要仔细思考。步入仕途后，他更是提倡经世致用，知行合一。万历十四年（1586）袁黄考取进士，为万历初嘉兴府三名家之一，此后便开启了他的为官之路。虽然他近十年的仕途时间不算长，且颇多崎岖与坎坷，但是他善行天下、勤政爱民、廉洁奉公、以德治民、不忘初心、为国为民的精神感动了一个时代，至今仍为我们学习的榜样。

一、观政礼部

袁黄少时便已身负俊逸之才，经史子集、天文地理、安邦治国之书，靡不涉猎，在江南颇有声誉，被誉为嘉兴府三名家之一。在时人心目中，袁黄具有经天纬地之才，为国之栋梁，因此统治者对他寄予了颇高期望，所谓“中外望宿老巨人，盖其知名天下久矣”[①]。据说，他为县学生时，有一次嘉善遭遇重灾，知县曾经问策于他，他引经据典，将不同时代地方大员的救灾理论和对策一一告知，令知县非常佩服。倭寇大肆流劫东南沿海，扰县境十九次。嘉

① 徐允禄：《思勉斋集》卷九《文编·袁了凡》，清顺治刻本。

靖三十三年（1554），嘉兴府通判邓迁奉命兴筑嘉善县城墙，袁黄受邀与其一同坐船巡查，以确认县址所在。嘉靖四十四年（1565），嘉善知县许镃开辟书院，作为品学兼优的生员，袁黄被请上讲台为学生授课。可见他在入仕之前，在地方上已经颇有名望，并且以乡绅身份参与民务，促进嘉善经济、科举事业的发展。袁黄中进士后，按照明代的观政进士制度，观政于礼部。与一般礼部官员将精力主要放在国家礼仪祭祀等事务上不同，袁黄更加关注民生，对于晚明政治危局和江浙赋税沉重等也多有自己的看法，正因为“善谈时务”，不久即奉都察院之命，返回江南协助清查苏、松地区的钱粮工作。

赵用贤刻像

万历十年，张居正去世，第二年，曾因弹劾张居正而被削籍的常熟人赵用贤（1535—1596）复官，不久升任詹事府右庶子。他对江南的赋役之困弊很清楚。为了能够让当政者关注和信服，他详细统计了全国财赋收入情况之后，得出全国的赋税东南地区占据了一半，而嘉、湖、杭、苏、松、常六府又占到了东南财赋的60%以上的结论。他在奏文中还提到，东南地区赋税不仅高，而且仍然征敛不断，前面的赋税没有缴清，后面需要缴纳的名目又出台了，以至于老百姓需要补交的税银日积月累，已经还不清了。这里虽然号称富庶繁华，但是百姓却生活困顿，十室九空，穷困冻馁而死于沟壑者无数。常年的横征暴敛使得下层劳动人民叫苦连天，怨声载道。可以说社会矛盾激化引发的危机已经箭在弦上，一些见识先进的官员清醒意识到风暴即将来临，因此极力敦促上层统治者尽快出台裁制撙节的办法，以扭转江南财赋日重、民力难供、国用日绌的局面。无疑赵用贤就是其中的一员，为此他不畏阻力，不怕繁难。为了让自己的观点更有说服力，他还认真调研，希望能够通过赤裸裸的数字来说服上层管理者重视东南问题。

赵用贤与袁黄都是有强大执行力的人，都希望通过自己的努力来解决现实问题，因此二人一见如故，一拍即合。据说，他们讨论经济大事一连数十昼夜，后来冒着巨大压力向朝廷诤言《赋役议》，其中详细罗列了地方政府额外加征的米银等14条款项，希望中央可以进行减免。在此基础上，袁黄还一气呵成，接连写下《赋役新书》《苏州府赋役议》等政论[①]，颇为时人关注。赵用贤原本以为他们的办法可以有助于解决政府财政问题，但是丰满的理想很快被骨感的现实击碎，因为这些言论触动了统治集团的核心利益，遭到豪阀大族的群起而攻。当时的内阁成员申时行、王锡爵等人也以“吴人不当言吴事”为由，批评赵用贤等言事不当，减赋一事遂“沮格不行”。不过政治上首次遇挫的袁黄并没有气馁，在此后任职宝坻知县以及奉命进入朝鲜期间，他仍坚持以民为本、国事为先原则，不忘初心，砥砺前行，为国为民鞠躬尽瘁、死而后已，成为后世人为官的楷模。

---

① 同治《苏州府志》卷一三九《田赋》。黄宗羲：《明文海》卷七六（袁黄）《苏州府赋役议》，清涵芬楼抄本。

二、为官宝坻

万历十六年（1588），袁黄被分配到畿辅要地、九河下梢的宝坻（今天津宝坻区）担任知县。在任期间，他全身心投入到当地的各项建设中。宝坻自然灾害频发，袁黄采取兴办水利、疏浚水道、筑堤防洪等措施积极应对，效果显著，彻底改变了宝坻的自然面貌，成为地方治理的典范。此外，针对宝坻土地贫瘠、民生困苦的状态，袁黄采用“轻刑缓征，与民休息”的政策，体恤民生，减免赋税，重视生产，劝农耕种，弛禁缓刑，为百姓脱厄解困。袁黄的丰功伟绩，不仅使他成为宝坻置县以来成就颇高、口碑最好的县令之一，也使他能够以廉吏、勤吏和能吏的身份，永垂史册。至今袁黄为民谋利、亲民务实、廉洁自律、造福百姓的故事仍在宝坻流传。

宝坻袁黄雕像

（一）体恤民情，扶危济困

袁黄是带着敬畏之心走马上任的，下车伊始便来到宝坻城隍庙，一是遵循朝廷官吏祭拜神庙的惯例，二是在此向神明表达自己要造福地方百姓的信心和决心。初至宝坻，映入袁黄眼帘的并不是江南水乡的物阜民丰、百姓和乐，与之相反，因为连年遭受水灾侵袭，农业收成锐减，宝坻常年处于饥荒状态，人民生活苦不堪言。于是他将扶危济困、救助贫弱作为自己的“急务”来抓。

救助工作最需要的是钱、粮。他首先将自己的俸禄捐赠出来为百姓抵偿部分税赋，减轻他们的负担，百姓“全活甚众”。接下来袁黄将宝坻百姓的困境写成奏疏，上报朝廷，请求从县内仓储中拿出“仓米”，接济全县贫困孤老。为了将工作充分落到实处，他坚持人性化原则，深入民间，将贫困户和鳏寡孤独者的生活状况了解清楚，然后分出轻重缓急，分别予以不同程度的帮助。对于那些企图冒领救助的奸猾分子，他苦心加以劝诫，打消他们不切实际的念头。当时宝坻有一种“宫女户”的积弊。所谓“宫女户”就是家中有女儿送入宫廷的民户。他们仗着宫中有人庇护，长年累月向政府申领补助，且多为冒领。有的人已死，粮食还在领；有的为顶名代领；有的甚至已逾百年，几代人持续领。对此《大明会典》及礼部有明确的关于“宫女户”只许一辈人享受粮食补助的规定。袁黄了解情况之后，铁面无私地如实向朝廷进行了申报，及时堵住了“宫女户”冒领的空子。如此一来，不但全县每月可节约出15石粮食以供给孤老，还体现了袁黄革除积习、兴利除弊的决心，因此深得民心。他还三令五申要求主事官员将符合救济人员的姓名、数量和受救济程度登记造册，并亲自给孤老发放粮米，劝导属下体察被救济者的疾苦，从而防微杜渐避免治下克扣贪污事件的发生。此外，为了避免因为贫困而导致的恶性事件发生，他特别留意县内贫民的生活状况。据《宝坻政书》记载，袁黄有时间就遍访全乡，为穷人饥时送粮，寒时送衣；无主尸骨无钱下葬，官府出资办理其后事；遇到因为生活困顿而卖儿鬻女者，袁黄会毫不吝啬出钱化解，帮助其渡过难关。巡视田野乡间，见到百姓家有为难之事不好处理的，他会及时提供帮助。有些农户借了富家钱银，到期无力偿还，袁黄问明情况，也会从中通融调停，抑或出钱化解。

值得一提的是，他的救助政策不只为解决当下的燃眉之急，而是希望能够长久地维持下去，为此他排除万难，不遗余力地把工作落到实处。他深知救济工作需要社会和政府两股力量的齐心合力，因此在政府救济之余，他还把劝阻青壮年人口流出县外作为重点来抓。当时由于宝坻常年经受水灾困扰，百姓生活难以为继，青壮劳力为了谋生纷纷背起行囊，奔赴他乡。袁黄了解情况后，对他们循循善诱，耐心劝导，并用自己的施政蓝图吸引他们参与到县里的救灾和生产恢复中去。在局势稳定之后，他再次将县里的老弱根据实际情况分类：614名年老体弱者安排在亲戚家赡养；471名身体还算强健的老者，责令邻里收留，听之差遣；另有125名既无亲戚又无体力的鳏寡之人，由政府供养。因为县仓内可供救助的粮食有限，而需要赡养的老人却很多，而且随时还有可能增加，为了避免供给不足，他还经常采取“以工代赈”的措施予以变通。就是除少部分确实是一点儿劳动能力都没有的人以外，其余孤老都被派去做守河渠堤岸等力所能及的非重体力劳动，用从百姓中募集到的粮食来周济这些贫困无依的老人。后来随着各处沟渠的开挖，积水问题得到缓解，乡里不再需要雇人守堤，袁黄再次起草公文，争取上级官府对救困事宜的理解和支持，请求用国家积存的粮食来解决这些人的养老急务，帮助他们不至于冻馁而死。可以说，袁黄的扶危济困工作是其“民本”思想的重要体现，他重视民生疾苦，关心百姓生活，救助工作基础扎实，讲求实际，且方法灵活得当，因此收到了良好的效果。在他的不懈努力之下，宝坻人民生活逐渐安定，鳏寡孤独皆有所养，全县出现了“官民和谐，情同一体”的和乐景象。

（二）为民请命，减免税赋

纳税是每个公民的责任和义务，古今社会均是如此。但是如果税赋过重，就会成为压在百姓身上的沉重负担，影响社会的和谐和稳定。轻徭薄赋是每个“以民为本”的政治家的渴望和诉求，封建社会也是这样。袁黄生活于明代后期，政治日趋腐败，财政捉襟见肘。虽然早在万历初年张居正已经在全国推行了“一条鞭法”，徭役制度被以银代役完全取代，各地经济也一度出现过不同程度的繁荣，但是京畿地区则不然，因为土地被各级勋贵、中贵及未出京的诸王大肆侵占，很多百姓被掠夺得无尺寸之地。不仅如此，各级官吏还在“一条鞭法”执行过程中，层层强加新的差役，所以民众负担有增无减，生活苦不堪言。《宝坻政书》就曾记录：

> 各州县经费一条鞭征银，在官支用，里甲尽放归农，已编有管支、买办等役矣。则经临上司、过往、官使一应下程供需，及本州县各有交际酒席礼仪所用物件，自可备办。乃今多用铺户诸物责取甚至卖菜佣亦派为菜户，以供应蔬菜者，其余可知。在住城犹为近便，若随历边关，则担挑负载，络绎纷纭，率赍裹从行矣。劳扰既极，怨苦充闻。且经年累月，不得领价；即量给之，更减削过半，以致小民膏尽力竭，窘迫不堪。[①]

而且宝坻境内皇族亲贵势力很大，征税的时候，经常有不循法纪的情况出现，甚至有些为非作歹的权贵还会把不交税的百姓拘起来活活饿死，或者脱光了衣服挂在树上，前后被逼迫而死的穷人不计其数，县里的官员也没人敢来过问。在这种情况下，各级官员仍然乱派差役，比如车运皇木。弘治年间始，工部将一部分皇木存放在宝坻，每年宝坻人民都要负责将之运送京师。皇木体积大、重量重，运输极为不便，因此加诸宝坻人民身上的差役负担就显得格外沉重。再比如贡奉银鱼。宝坻紧邻渤海，从海中打捞出来的银鱼和其他海鲜，一般先运抵宝坻，再由宝坻运至京师。宝坻专门设有银鱼厂，由尚膳监派来的两名太监负责采购银鱼、螃蟹等物资贡奉内廷。车辆常年往返于宝坻和京师间，耗费巨繁，人民深受其

① 〔明〕袁黄：《了凡杂著·宝坻政书》，《赋役书·申道报抚台减粮公移》，北京：书目文献出版社，1988年，第785页。

苦。其他名目的赋役还有不少。在这种情况下，虽然宝坻粮税为每亩二分三厘七毫，额度看起来并不高，但是将其他杂办差役折合，百姓就要多承担三四分赋税，结果“该县赋役倍于他县，积欠粮赋达万石”就不足为奇了，也难怪当时袁黄“与僚友语曰，‘宝（坻）昔也富，今也贫矣，生计之计诎，而赋役之扰倍矣’”。

在经过多番调查之后，为民请命、减免税赋便成为袁黄工作的又一个重点。他将宝坻县的杂役一一进行梳理，千方百计地寻找解决的良策。针对运皇木问题，袁黄在上条陈奏请减免旧额之余，还建议朝廷将陆运转为水运，将皇木厂改建在距离京师更近且紧邻会通河的三贤祠周围，方便取给，减少周转，节约成本。他的奏请得到了上级的批准。例贡银鱼也是困扰百姓的难题，经过深思熟虑，袁黄上书阁臣陈述中转之弊。他说，鱼从海里捞出后，再通过宝坻运抵京师，不但增加了路程，也使得海产品容易腐败，不如由海滨直接驰送京师，节省时间，能够更好地满足皇宫中贵人们的需要。阁臣认为他说得有道理，于是宫中的太监再也不来骚扰宝坻百姓了。其他的浮费以及冒滥之费，如库吏、厂夫、花板石等，动辄上千上百两，袁黄也一一奏请朝廷废除，即使为此得罪上级官员，也在所不惜。即便是潞王之国，按照惯例，沿途府县都要供奉车马费用，宝坻也需供应数千至上万两白银，袁黄深愍民苦，委曲调剂，终使宝坻人民免除费用。经过一系列的大刀阔斧的裁撤，宝坻百姓一度只需要向政府缴纳粮赋每亩一分六厘六毫，而且一切杂役也包含在里面，宝坻穷困的百姓均从中得到了实惠。

不过，袁了凡也不是圣人，他的所作所为都离不开当时的社会环境，有些税赋虽然经过多方调停，但是减免程度并不能完全如他所愿。如他曾上书政府，请求罢采石之夫匠车辆，使得百姓可以休养生息，但是这项杂役仅免除了一年，上级就又敦促重新摊派。又如袁黄觉得城内外的伙夫等役增加了百姓负担，一度下令废除，但是不久即发现，守御未备、供应乏人会给县里带来其他不便，后来只得恢复。但是不可否认袁黄在宝坻推行的减税政策的确造福于百姓，《乾隆宝坻县志》卷十五就曾借神之言说，减免赋税是袁黄的一大功绩，仅奏免浮赋一件就能抵得过做一万件好事，也因此他的祭祀文中有“一疏奏可，万户生春”的赞语，其功劳“卓卓大者”，为后世人敬仰。

（三）劝农耕植，兴修水利

袁黄深知“授人以鱼，不如授人以渔”的道理，如何让宝坻真正摆脱贫困，让百姓过上衣食无忧的生活，是他殚精竭虑思考的问题。他上任之时，宝坻已经连续五年遭受水灾，农田积水严重，是京畿地区名副其实的“贫困县”。袁黄深知形势的严峻以及自己肩上责任的重大，丝毫没有退缩，而是一往无前地勇敢面对。他先是理性地指导百姓抗灾自救，走到田间与他们一起沥水疏导，然后动员民众共同清挖河道，加筑河堤，阻拦洪水。这一系列措施完成之后，在当年中秋前后，县内农田积水全部下泄，水害对耕种的不良影响得到有效缓解，为秋种和第二年春耕做好了准备，转年宝坻农业丰收有望。为了提高土地生产效率，袁黄还在全县大力倡导农民垦殖，鼓励精耕细作，指导他们根据土质的特点种植不同作物，成绩斐然。

在他任宝坻知县期间，恰逢尚宝少卿徐贞明招募南方人在永平（今河北省卢龙）种植水稻试验成功，袁黄备受鼓舞。众所周知，水稻种植需要大量的水田，而宝坻是北方极少不缺水田的地方之一，之前水给宝坻带来过无穷灾难。能不能变不利条件为有利条件，利用水造福本县百姓呢？这与他的想法不谋而合。当时正好也有一些官员倡议在京东一带推广水稻，一来可以增加北方粮食产量，提高土地生产效率；二来可以缓解南粮北运给政府财政造成的压力，减轻南方百姓负担。在这些官员的支持下，袁黄带头引进南方稻种，在宝坻开展水稻种植。他选择地势较为低洼的宝坻东南部葫芦窝等村为首批种植点，疏通渠道，种植水稻，并引潮白河之水，灌溉稻田。袁黄在宝坻的时间虽不长，但是他一心为民，所做的每项工作都能落在实处，让百姓受益，因此在民间享有极高的声誉。也正是因为这个原因，他的提议一经宣布，立刻得到了民众的热烈响应

《三岔口河堤记》[1] 石碑

① 该碑今立于天津宝坻区三岔口蓄水闸与北三河管理处交界的小公园内。碑文为明代宝坻知县张兆元撰，记述了明代丁应诏、袁黄、张兆元三位知县在任期间，兴修水利、排水泄涝的经过和他们不畏强权、济世爱人的高尚情操。

和踊跃参与。此后水稻种植在宝坻县又得到了进一步的推广，昔日盐卤之地被改造成水稻之乡，袁黄用自己的实际行动为无数百姓开启了救生之门。

（四）砥砺名节，用刑谨慎

袁黄为官，砥砺清节，力行节俭。他常常劝诫同僚：个人的钱财福禄自有定数，贪婪只会让人清白陷于污秽，终究不能多得一丝一毫分外之物。而保持廉洁，不但能够坚守节操，也能够不丢失命中该有的富贵。并鼓励大家要齐心“砥砺名节，以清廉自誓”。

袁黄力行节俭，他让家人在院子里种菜，自种自吃。对于日常的交际应酬他也有一定的要求。比如与当地缙绅约定，但凡聚会，荤素菜品只需准备五种，和现在的四菜一汤相类似，而且不许屠宰牲畜。宴会所用蔬果，按季节而定，一两种即可，不能过于丰盛。他还主张大家聚在一起的时候，或者畅谈诗书礼乐，或者商讨如何解决民生疾苦，但是不能把宝贵的时间浪费在谈论个人是非恩怨或者其他粗鄙庸俗的小事上。宝坻县衙周边原有一些熟食店，由来已久，每日宰杀的家禽牲畜很多，袁黄也禁止不了。但就在其上任一年后，这些店铺纷纷转让或者转行，后来竟没有一家从事熟食经营了。原来是因为大部分客人购买熟食是为宴请胥吏用，而袁黄办案与以往官吏不同，随察随结，没有积压，大家自然就不用花钱托人周旋了，故而熟食店生意日益冷清，店铺最后都经营不下去了。

袁黄对于司法和刑狱极为重视。他用刑谨慎，希望能够用儒家伦理教化民众，维护社会和谐和公正。《宝坻政书》曾记载，袁黄经常终日不笞打一人，经月不判定一桩罪案；民众有违反法禁的，他从不严刑逼供，而是反复劝导，晓之以理，责之以义，教之向善，让人从内心深处认识到错误，从而悔过自新，诚心改正。他主张处理诉讼案件要坚持从速原则，不能拖延时日，因为一人入狱，全家鸡犬不宁，由己及人，轻易不要羁押人犯。此外，袁黄断案，秉公执法、刚正不阿，在他执政期间，许多被冤枉的人得到开脱，仅获得再生机会的人就有数十个之多。

对于有罪在身的囚犯，袁黄也没有戴着有色眼镜对待他们，而是给予了悉心关怀。县里财政出现困难期间，囚犯米粮供应不足时，袁黄慷慨解囊，拿出自己的银米接济。他还经常跑到囚狱里和罪犯长谈，给他们讲行善得福、作恶得祸的事理，常常把犯人感动得泪流满面。

袁黄的努力收到了神奇的效果，他任县令期间，宝坻社会清明，作奸犯科的数量极少，公堂之上常年冷冷清清。他在宝坻的第二年秋天，县城连日大雨，监狱的屋墙因为年久失修而倒塌，但是这么大的事故丝毫没有引起任何动乱和不安。囚犯们感激袁知县平日对他们的关照，相互劝诫守法，没有一个人趁机逃逸。在袁黄的教化和感召下，狱囚们相继脱罪，其离任时，宝坻县牢房内没有一名在押人犯。

（五）功过是非，任人评说

袁黄在宝坻做知县不足五年，在他的治理下，宝坻陈年积弊得以清除，政通人和，社会安定，百姓安居乐业，经济迅速复苏，县仓粮食储存量是原来的20余倍，文化教育也大为改观，远近流民纷纷前来落户，宝坻县呈现出前所未有的“官民和谐，情同一体”的欣欣向荣景象。

袁黄为官，始终坚持民本思想，“爱民重而官爵轻”，坚持自己的为人处世原则，绝不沽名钓誉，博取华而不实的虚名。他初到宝坻时，全县百姓大多穷困潦倒，衣食不继，但在此时却发生了一件“奇事”。对于宝坻百姓来说，这是一件极为幸运的事情。在袁黄积极主持排涝的过程中，沥去积水的农田里长出一种大家都叫不出名字的野草，这种草的根、茎部均可食用，还带有一股甜甜的味道，人们把这种草的果实晾干，研磨成粉，能够代替粮食充饥。在沟渠顺利疏通、积水排除殆尽后，这种草在田野中大面积蔓延生长，成为百姓度过饥荒的重要的粮食替代品。为此百姓们惊喜万分，将之视为灾年过后的“祥瑞”之兆。有人说是上天慈悲，恩泽灾民度过荒年，也有人说是因为新来的袁大人宵衣旰食，为百姓操劳，感动上天所致。于是就有人劝说袁黄，将之上奏朝廷，以求恩赐褒奖。但是袁黄不为所动，严词拒绝，为此还专门写了一篇《野谷解》阐明自己的观点。文章中，他翔实记述了就任之初宝坻洪涝灾后五谷不收、饿殍遍野的凄惨景象，并诚恳地说，自己之前只是埋头苦读，对于处理政务并没有什么经验，只是因为上司的信任才让宝坻去除不必要的赋税开支，让百姓能够休养生息，也使得躲避水灾的人能够重归故土，四方游离的穷人也来此定居。然而，随着人口的逐渐增加，请求赈济的人数也在增多，县仓并没有多余的粮食，即使民间借贷，宝坻也没有足够富裕的人家可以拆借。百姓们聚在一起，食不果腹，便很容易生出事端。就在自己忧心如焚之时，积水退去之后的田地长出了一种可以吃的野草，它的果实比谷粒稍大，比菊籽略小，草茎不过四寸，应该是一种“野谷子”。百姓赖其度过最为饥荒的岁月。有人把野谷子拿给自己看，还说这是一种不同寻常的祥瑞，建议上报朝廷。自己觉得这样做非常不妥。因为只有颂扬天下太平，才需要用到与天象相符的祥瑞；而朝廷考核官员政绩，应该先看人事治理的情况。自己自从担任宝坻县令以来，县里盗窃和劫夺他人财物的事件还没有完全杜绝，百姓争斗的事情还时有发生，虽然县里长出了这种可以食用的草，但这是值得称道的“祥瑞”吗？此后，他还进一步阐述说，听说圣明的君主修养德行、减少刑法，能够得到上天的感应，生长出优质的粮食。如今朝廷下诏书，不动刑法已经好几年了，倘若以此为“祥瑞”，应该映在君主和良相身上，自己一个小小的县令怎么有资格呢？因此，自己是不能够贪图虚名向朝廷申报这件事情的。而且，一般而言，人们听到灾害会害怕，害怕能够让人警醒；闻听祥瑞会欣喜，欣喜容易让人懈怠。《春秋》中只记录灾害，不记录祥瑞，这难道不是蕴含深意吗？没有不劳而获的好事，自己治学还不能摆脱诵读的阶段，治理县务还有很多工作要做，怎能因为贪慕一时的荣耀而去上报“祥瑞”呢？从袁黄不贪其功、反思己过的言语中，不难看出他的谦逊和务实。

袁黄在宝坻取得的政绩可以用卓著来形容，但是他从来不拿自己的成绩四处炫耀，还为了民众利益，刻意保持低调。一次，一位管理屯田事务的方御史在河北等地巡视，途经宝坻，看到这里果木成林，禾田遍野，郁郁葱葱，大为惊讶，便问袁黄：“宝坻多年荒地都被开辟成了美田，如此大的功绩为什么不向朝廷奏报呢？”袁黄诚恳地回答：“本县连年遭受灾荒，经过这几年的垦种好不容易取得了一点儿成效，一些逃荒在外的县民也陆续回来了，这全是仰仗诸位大人鼓励和支持的结果。请您不要夸赞我是一个好官，而是体恤一下宝坻贫困的百姓，通融一下，将今年的田赋先暂且缓一缓，让老百姓多休养生息几年吧！”他这种将百姓放在首位、视个人功名如浮云的精神让方御史十分钦佩。

与那些为了自己升官发财罔顾大众利益而迎合权贵的封建官僚不同，袁黄一心为公、勤政爱民的举动自然赢得了民心，受到了宝坻百姓的交口称赞，但是他的所作所为也严重侵害了盘踞在这里多年的豪强地主的利益，饱受他们的攻击。早在袁黄甫上任，清理牧马草场的时候就遭到了一群勋贵、太监的集体反对。上文我们已经提到过，宝坻近在京畿，封建势力盘踞，所谓“畿内之地，其所相关者皆勋戚阉官，利在肺肝，而见在眉睫”，他们在这里的势力树大根深、枝繁叶茂，对朝廷来说早已成尾大不掉之势，不仅许多庄田被其巧取豪夺，连官署的马场也成为他们砧板上的肥肉，恣意侵占，作威作福。袁黄通过深入的调查和了解，认为弊端的根源在于马场疆界不明，于是先后派出几批官吏进行清丈，反复勘实，甚至还将之勾画于图纸上，并且标注详细的说明。如此一来，豪强地主再也不能肆意妄为，对于遏制土地兼并起到了一定作用。对于权贵们而言，袁黄这个小小的七品县令无疑成了阻碍他们将利益继续扩大的挡路者、破坏者，他们自然不但不会欢迎，还会联合起来抵制，“稍不便，辄哗然而起矣”，以至于袁黄许多新政策不能推行，推行的也是备受掣肘。袁黄在论《皇都水利》中曾提及，弘治年间，京畿附近试图疏浚大通河，眼见“漕舟已达大通桥”，但是因为建昌侯张鹤龄等权贵垄断陆路利权，担心水运畅通会影响他们的陆路收益，于是依仗权势横加阻挠，制造事端故意破坏，以至于此事最后功败垂成，草草收尾；并且感慨地说：“夫功成而可坏，况未成乎！”可见，他对自己在宝坻所做的一番整顿是有清楚的认识和估计的。果不其然，一群开明官员和士绅发起的京东种植水田计划很快在部分勋贵及太监的反对下不了了之，宝坻的水田耕植，虽然最初取得了一定成绩，但是随着袁黄的去职，日益被淹没在守旧势力掀起的反对浪潮里，后来连水田的踪迹也找寻不见了。

（六）公而忘私，流芳后世

袁黄在宝坻勤勉无私，夙夜在公，即使困难重重，他也不曾有过丝毫退缩，而是迎难而上，一往无前。他为官清廉，善政安民，时时处处将百姓的利益放在首位，个人的荣辱得失却从不放诸心头。他所主持的扶贫救弱、减免税收、劝农耕植、鼓励科举等要务，惠泽百姓，流芳后世，宝坻人民世代感念其功德，至今这里还流传着许多关于袁黄的故事，可见百姓对他的敬仰和爱戴。

1.推广水田

如今米饭已经成为北方人餐桌上的主食，但是时光倒回百年前，寻常百姓家还是很难见到米饭的。这是因为北方气候干旱，不利于水稻的种植，故而黄河流域最早的五谷是黍（黄米）、稷（又称粟，俗称小米）、麦、菽（俗称大豆）、麻（俗称麻子），并没有稻。然而北方也不是全然不能种植稻米，在水土环境适宜的地区完全可以尝试，袁黄就是一个大胆的拓荒者。

袁黄来自风光旖旎的江南水乡，在南方人的想象中，北方应该是干燥而多风沙的，但是宝坻却与大多数的北方地区不同，这里毗邻大海，地势低洼，经常遭受水涝灾害。袁黄来到这里后，见到的除了海边滩涂，就是水洼湿地，因为土质盐碱严重，到处生长着生命力极强的水稗草和芦苇。不过常人眼里一望无际的盐碱荒地，在袁黄看来却孕育着无尽的宝藏。眼前这么多的水，这么大面积的湿地，常常让他联想起家乡微风中稻禾摇曳的画面，于是宝坻遍种水稻的念头油然而生。此时恰逢徐贞明在河北永平试植水稻成功，这无疑给了袁黄巨大的鼓励和信心。

袁黄不是一个好大喜功的人，相反他思维缜密、踏实务实。他首先走遍了宝坻每个角落，摸清楚每片土地的海拔和土质，最后选中距离县中心几十里的葫芦村为试点，亲自教导百姓种植水稻。他和当地农民一起挖沟通河、调埂作田，还把家乡的种稻经验，无论是插秧育苗，还是中后期管理，倾囊而授。公暇之余，他也不忘到村里指导农民生产。暑去秋来，收获时节，稻田中金灿灿、沉甸甸的果实为饱受灾害之苦的宝坻带来了丰收的喜悦和未来美好生活的希望。

葫芦村的成功让袁黄能够以更大的干劲儿和热情投入到水稻种植面积的继续扩大中。袁黄的勤政爱民得到了百姓的信任和尊敬，在他的号召下，大家一呼百应，热情澎湃，很快在宝坻境内掀起了种植水稻的热潮。不过，袁黄并未被初步的胜利冲昏头脑，他深知宝坻土地海拔不同，土质各异，不能一窝蜂地种植一种农产品，应该因地制宜，有所选择，才

《劝农书》中的水利图

能取得丰硕成果。

于是他利用自己的专业知识，融合江南先进的种植经验和技术，针对宝坻的水土状况编著一本指导宝坻农业生产书籍的想法开始萌发。为此，他夜以继日，废寝忘食地努力，很快《宝坻劝农书》问世，这是迄今为止我们知道的天津地区的第一本农书。书中袁黄总结出发展农业要“天时第一，地利第二，田制第三，播种第四，耕治第五，灌溉第六，粪壤第七，占验第八”，详细介绍了前人的农学理论以及江南的实践经验，其中包括辨别土质、农业耕作、储粪肥壤、蓄水灌溉、筑圩环田和农田管理等具体技术。还根据宝坻地势低洼的特点，重点介绍开渠引水和各种水具的制作方法。该书涉猎广泛，内容丰富，针对性强，被誉为最全面的地方农学书。袁黄将《宝坻劝农书》刊刻后，让胥吏下发到每个乡里，人给一册，倡导百姓采用先进的理念和技术来提高生产水平。此后“民尊信其说，踊跃相劝”，宝坻农业呈现出了前所未有的蓬勃发展之势，同时出现了前所未有的种植水稻的风气。

时光穿梭，沧海桑田，如今渤海之滨的30万亩稻海禾田，正在昭示着宝坻农业种植的历史巨变。袁黄，这位明代南稻北种的倡导者和实践者，在宝坻树立了水稻种植的丰碑，他比《农政全书》的作者徐光启来天津试验种稻早了20多年，是当之无愧的北方水稻种植的先驱。

2.鼓励科举

在袁黄来宝坻做县令之前，这里已经连续五年没有科举上榜的学子了。袁黄出身于重视教育的江南文化世家，本人又满腹经纶、学富五车，自然对这个问题极为关心。为了倡导文风教化，他筹资修建了文昌阁（在今宝坻古城东城路与学街东交叉口），吸引文人墨客在此讲经论文。在他的引导、扶掖和教诲下，宝坻文学举业日渐兴隆。他还常常语重心长地嘱咐县里的教谕加强对学生的培养和课业的监督。此外，每月初一、十五，他都要抽时间到明伦堂亲自为学生讲课，随时激励士子读书上进。在他的谆谆教导下，第二年县里就有两人举孝廉成功，此后县里科举中第者逐渐增多，县志中还有“宝坻人文日盛”、宝坻文士有“吴人”气的记述，可见袁黄对宝坻文风影响之深。

3.乐善好施

袁黄出身于医学世家，虽然家境尚可，但是因为父亲早逝，所以家中积蓄应该不多。袁黄生活非常俭朴，连任上所吃青蔬都是自家庭院种植而来。但是他对生活有困难的人非常大方，可以称得上是一位“致力于提倡个人修养和公共慈善的先驱者”。他的乐善好施也影响了家人。据说，有一次他看到妻子为唯一的儿子裁制冬天的棉袍，本来家中有上好的丝绵，妻子却要去市场上买棉絮填充棉袍。袁黄感到有点好奇，便上前询问，妻子说：“丝绵贵，棉絮便宜，如果将家里的丝绵卖掉换成棉絮做冬衣，就可以多做几件，赠送给贫寒的人家过冬！”

4.严禁阉割

明代定都北京后，京畿地区的许多贫民子弟为了生存，私下阉割以求能够入宫讨份出路，宝坻也是如此。对于这种残害身体、戕灭人性的事情袁黄自然不能容忍。他严令禁止，如有违反，必将追究相关人的责任。在他的严格管理下，宝坻再也没有私下阉割人的事件发生，这也使得许多男童免受荼毒。

5.临别送行

袁黄在宝坻就任的五年，心怀百姓，以德治县，爱民如子，为民纾困，政声卓著，不仅收获了同仁的尊重，更赢得了百姓的爱戴。万历二十年（1592），吏部考核优秀，袁黄被升擢为兵部主事（正六品）。袁黄临行前，百姓纷纷赶来相送，宝坻万人空巷。一路上，袁黄与大家依依惜别，徐徐前行，带走的除了极为简陋的行李，只有身后五大车的书籍。据说他随身所带盘缠非常少，还不够去京城的路费。因为舍不得先生离开，许多人泪流满面。袁黄在宝坻任职时，民间就有许多人家私下绘其画像，“饮食必祭，家家户祝”，像敬神一样供奉他，即使袁黄不让他们这样做也阻止不了。地方士绅百姓自愿出资刊印了袁黄的《宝坻政书》，其中以生员身份捐资者最多，有54人，以乡民身份捐资者有25人。袁黄离开后，百姓感念他的善行与功德，自发为他修建了生祠，逢年过节，或是祭祀之日，都有许多人前来焚香祷告。宝坻地方社会对袁黄的评价很高，说他“以清俭律身，以慈仁抚众，以恭逊事上，以正大睦僚，以礼法训士，以严明驭胥，以至诚格鬼神”，并将他誉为宝坻二百年来未有之“良牧”。一百多年后的清代，知县洪肇楙见百姓仍旧对袁黄念念不忘、感恩戴德，深受感动，遂为其重修了祭祠，并给予了他“一疏奏可，万户生春”的崇高赞誉。一个来自江南的低级官员，能够在风土截然不同的北方收获如此的尊敬与推崇，可见其必有过人之处。

三、入职兵部

袁黄虽是读书人出身，但他并不是一个只会舞文弄墨、纸上谈兵的文秀才，而是一位非常有政治才能和实践精神的官员。早年跟随赵用贤清核苏松钱粮即牛刀初试、展露才华，后来在宝坻任官，大刀阔斧，敢想敢做，几年时间就将一个破败萧条的畿辅小县治理得井井有条，政绩卓然，贤明赫赫，朝野上下有口皆碑。宝坻临近蓟州镇，袁黄素来关心国事，对于蓟镇的军政及边防状况十分注意，加上经常和蓟镇的军人将士接触，因此深知蓟镇三屯之军的弊病。出于护国之心，他经常会给当政者提出意见和建议，由于对问题的认识鞭辟入里，他的很多办法被当政者作为解决之道来参考。也因此，虽然他的职位不高，但是治国理政的才能却朝野皆知。当时蓟镇上的主、客兵加起来有20万，朝廷每年花费在养兵以及屯田民运等诸方面的白银就累计150万两。按照当时的市价，一两银子大概能够买到200斤大米，约等于现在600元人民币，那么150万两白银算下来就大致是现在的9亿人民币，当然这只是非常粗略的折算，军费耗资之巨可见一斑。巡抚听说袁黄通晓边务，特地将他找来一起商量边防事务，袁黄在深思熟虑后，献上了十项解决措施以期节省政府开支、减轻人民负担：一、革除养军虚费；二、裁汰浮兵冗员；三、控制安抚嘉奖人员的次数和额度；四、制定买卖马匹的办法；五、恢复旧有的屯田事务；六、推广山林种植；七、兴修地形不利处的水利；八、增加将令的供给；九、设置轻简的车辆方便运输；十、用统一的标准检查器械防止以次充好、滥竽充数。此外，蓟州兵备道王某也曾请袁黄来商议海防事宜和军民利病，袁黄为其想出八条可行性建议。袁黄因为工作能力突出，被提升为兵部职方主事。

当时国家正值多事之秋，日本大举入兵朝鲜，中国与朝鲜比邻，唇亡齿寒，为了帮助朝鲜，更是为了守卫自己，明军计划与倭寇在朝鲜战场上决一胜负，身在兵部的袁黄责无旁贷地参与了这项工作，他的戎马生涯自此开启。兵部职方主事在兵部是个非常重要的职位，它隶属于兵部职方清吏司，简称兵部职方司，是明清时期兵部四司之一，“职方司掌天下之图，以掌天下之地”[①]，类似于今天的总参谋部。长官是兵部郎中，正四品，下设从五品员外郎和六品主事，其主要职责可以归结为：搜集各地资料，尤其军事资料；绘制各地地图，尤其军事地图[②]；还要根据军事态势作出判断，拟定军事计划，进行军事统筹等。简单概括为事务多、责任大、风险高，而且基本无油水可言，是最穷最忙的部门。兵部职方主事自然也不是肥差，但听起来挺适合袁黄这样胸怀天下、志向远大、忧国忧民、廉洁奉公而又光明磊落的人。能够从一介县令升擢为职方主事，无疑是极为荣耀的事情。在新的工作岗位上，他充分发挥了自己博学多才、爱岗敬业的优长，尽职尽责，夜以继日，终于在短时期内撰写出了关于长城防御体系的《九边图考》（书稿被战火焚毁）。此外，袁黄还撰写过《马政考》，与边防有关；编著过《历法新书》，书中有与张居正讨论候气五不合的记载；还对天文气象多有研究。从这些记载来看，袁黄实在是一个不可多得的军事人才。

① 郑玄注、贾公彦疏、赵伯雄整理、王文锦审定：《周礼注疏》卷三三《职方氏》，十三经注疏整理本，北京大学出版社，2000年，第1020页。

② 赵现海：《晚明时代危局与袁黄的历史角色》，《明史研究论丛》第18辑，2019年12月。

（一）倭寇侵朝的历史背景

这次发生于朝鲜半岛的抗击倭寇的战争，起于1592年（朝鲜宣祖二十五年，明万历二十年，日本文禄元年），止于1598年（明万历二十六年），史称“明万历朝鲜之役”，或“朝鲜壬辰卫国战争”。“东征朝鲜”和参加“万历朝鲜之役”是袁黄生命中至为重要的高光时刻，是他一生最为辉煌的成就，同时也是他从仕途巅峰跌到谷底的一个转折点。

对于袁黄出征的历史背景，历史学者赵现海在他所著《晚明时代危局与袁黄的历史角色》一文中有过极为细致而全面的分析。他认为：日本对朝鲜的进攻可以用蓄谋已久来概括。万历二十年（1592）四月，倭寇集结20万兵力大举入侵朝鲜，他们首先在釜山登陆，随后长驱直入，很快占领了沿海城镇釜山和东莱，然后攻打首都平壤。朝鲜军队奋起抵抗，终因兵力不足，溃散败逃。在这千钧一发、生死存亡之际，朝鲜国王不断派使者向明廷求救。袁黄在《上兵部石尚书书》中有“日者朝鲜使至，痛哭请师”的文字，记载的就是这件事情。虽然朝廷中不乏投降势力，但是以大学士王锡爵为代表的主战派坚决反对。他们认为倭寇对中国虎视眈眈的狼子野心昭然若揭，他们攻打朝鲜实则是为了窥伺中国，所谓唇亡齿寒，救朝鲜其实是为了保卫自己。明朝最高统治者也很清楚，朝鲜问题绝不容坐视不理，否则后果不堪设想，因此积极组织军队东征。同年七月，以戴朝弁、史儒为先锋，两万明军率先渡过鸭绿江，支援朝鲜人民反抗倭寇、收复失地的斗争。之后，副总兵祖承训、游击王守官又带领后续部队进入朝鲜。但是局势并没有得到改观。八月，平壤失陷，随之又传来副总兵祖承训统领下的明军在救援途中遭到日军伏击，几乎全军覆灭的噩耗，朝野震惊。在前线局势吃紧的情况下，宋应昌以兵部右侍郎的身份经略朝鲜、蓟辽等处军务（援朝大军最高军政长官）。宋应昌对袁黄“宿负通术”[①]，“文武具备，谋略优长”[②]早有耳闻，因此上书朝廷请求允其同行。于是袁黄得以在入职兵部职方司添注主事不久，即服膺四品，随行赞画（为司后备及参谋的职务，负责军马管理、军火器械、伙食军饷、士兵健康、侦察敌情、战略筹划、驿站管理等）。能够从一个七品县令直接上升为四品主事，无疑是袁黄仕途上的一次飞跃，此后作为明军的一员，袁黄义无反顾地投入到这场轰轰烈烈的“朝鲜之役”中，并且迅速成为援朝军队的核心成员，为朝鲜战争的走向发挥了不容忽视的作用。

（二）平壤大捷与“冒功舆论”

对于赴朝参战，袁黄是充满期望的，他认为这是施展才华、建功立业的大好机会，因此在给好友伍容庵的信中，他难掩兴奋地说：现在我要渡过鸭绿江奔赴朝鲜，然后奋武海邦，立功绝域，这不但是我身为男儿的壮烈之举，也是我平生需要完成的使命。渡江之前，也就是万历二十年（1592）九月二十六日，宋应昌曾委派袁黄到天津、宝坻、山海关等处考察，会同当地备倭海防道等官员一同部署海防事宜，招募军士，加强警备，以防倭寇乘虚而入。不到半个月，袁黄已经摸清了渤海湾腹地特别是天津一带的海防现状，并提出了可行性改善意见，可见其的确才华过人。

与此同时，明军入朝作战也在紧张进行。同年十月，李如松被任命为提督蓟、辽、保定、山东等处防海御倭总兵官（职位和宋应昌不相上下），准备大规模入朝作战。十二月，在宋应昌、李如松的带领下明军踏冰横穿鸭绿江进入朝鲜。次年正月，提督李如松率领的四万多名明军与

---

① 《明经世文编》卷五〇二《东师野记·征倭》。

② 宋应昌：《经略复国要编》卷一《初奉经略请敕疏》，民国影印明万历刻本。

朝军联合。初六，明军开始对平壤城北的牡丹亭发起试探性进攻。初八，明军对平壤城展开全面进攻，日军坚守一天后弃城南逃。明军乘胜追击，汉城（今首尔）以北的日军纷纷南撤，朝鲜半壁江山得以恢复。平壤战争进行得异常顺利，这也一定程度上说明明军战斗力是远远强于日军的。

平壤战役中，袁黄所承担的工作是传达谕诏，以及积极做好调配粮草、严整军纪等工作，最重要的就是粮草的运输、公文的起草，宋应昌和李如松的信息传达工作。其实在这场战役之前，袁黄作为军前赞画，对于战前军事情况做过详细调查，认为明军入朝并没有做好十足的战略准备，且朝鲜方面后勤保障也不足，所以曾经建议暂缓入朝，但是他只能出谋划策，不能参与决策，所以最终只得服从提早入朝作战的主张，而他所担忧的也直接使明军最初想尽快结束这场战争的想法成为泡影。入朝之后，袁黄面见朝鲜国王李昖，并就粮草运行问题以及平壤附近各邑的粮草储备认真进行了咨询。在后来上呈宋应昌的公文中，袁黄听信了李昖的说法，认为朝鲜的粮草储备还算充足，但是也指出朝鲜方面在运输方面能力严重不足。此外，他还对朝鲜八道的兵马分布情况作了详细调查，尽可能在后勤补给方面为明廷提供更多的对敌作战情报。不过，此时的袁黄可能还没有完全意识到朝鲜国王提供的信息不尽翔实。因为早在前一年平壤陷落之后，朝鲜便失去了自己的粮库，现在既要满足国内的供给，又要为明军提供军需物资，显然朝鲜方面疲于应付。其实朝鲜方面也曾根据明军所需，对自己的粮食储备做过详细的统计与比较，结果是朝鲜后方的粮食供给根本满足不了明军在朝作战的需要。对于这种情况，明军也不能说全无所知，因为早在万历二十年（1592）八月，经略宋应昌就已将自己对粮食搬运的担忧上报朝廷，在朝鲜粮草短缺而军队又不得不开拔的情况下，宋应昌领命之后并未立即渡江入朝，而是先在辽东集结完毕后方才出发，就是为了尽量不去消耗朝鲜为数不多的存粮。

从后来袁黄的一系列行动上也可以看出，对于粮食问题，袁黄还是有一定心理准备的。因为战争开始之前，袁黄已做好口粮分配工作，他将军中伙食分为三等，大致为：军官，供给天字号饭（内豆腐、小菜、盐鱼各一盘，饭一碗，酒三种）；衙役门差人，供给地字号饭（内豆腐、小菜各一盘，饭一碗）；作战军兵，供给人字号饭（内豆腐、盐虾各一盘，饭一碗）。此外，对于当地吏民投诉明朝士兵不守军纪一事，身为军前赞画的袁黄也颇为重视，随即颁布禁约文告，约束军队：不许打架斗殴、抢夺百姓饭食和财畜，不许殴打侮辱官长，违反者依照军令处置；每个驿站设置循环簿二扇，盖上本部分的关防钤印，驰报军情的人次第经过后，仍要保证每个驿站有一名差官坐守挂号，地方上有倭情，随时传报上级，不能严格遵守的，依令斩首。此外还要求明军善待投降的倭寇，对于受伤而不能行动的人要给予帮助等，体现了袁黄民本主义的仁善思想。

在平壤战役中，袁黄劳心劳力，做了大量的后勤工作，但是战后却被卷入了“冒功舆论”旋涡中。起因是平壤之战前军队曾下令诸将不得割取敌人首级，但在胜利后，李如松嫡系部队偷偷割下敌人首级献上以邀功。这自然引起其他将士的强烈不满。袁黄也因此事和李如松发生争执，并且当面质问这件事情的真伪，具体内容不得而知，反正最后结果是，提督李如松怒骂袁黄，袁黄向李如松道歉，承认有误会，而李如松手下将领也因此向袁黄叩头认罪。前线战况还处于胶着状态，明廷鞭长莫及，不便于过多干涉，于是采取了各打五十大板的做法，将此事压了下去。从这件事情上可以看出，袁黄不但在政治上非常有立场，而且在军纪方面相当严格，遇事绝不含糊。但是这场争论也加剧了军队内部的矛盾，为后来袁黄独守平壤和最后被弹劾失官埋下了隐患。

（三）碧蹄之败与“计赚汉城”

平壤大捷后李如松率领亲信继续乘胜直扑汉城，留下袁黄独自镇守平壤。后来倭寇又来进犯，袁黄率领部下以及3000名朝鲜士兵顽强抵抗，李如松在进军途中听闻此消息，没有增援一兵一卒，由此可见李如松对袁黄积怨已深。据朝鲜方面的史料记载，碧蹄馆之战非常激烈。当时汉城所盘踞的倭寇数量达数万之多。明军将领查大受、祖承训等率领骑兵三千为先锋，与朝鲜防御使高彦伯一起进攻汉城，不料行军到碧蹄馆附近时遭遇伏击。查大受与高彦伯领兵和倭寇激烈对战，斩获敌首六百余，见到敌军不堪一击，诸将骄傲之心陡生。但是没想到的是，敌军数量是明军的数倍，因此战斗持续时间很长。在这个过程中，另有一支约三千人的倭寇队伍开始突袭后方李如松处，紧急之下，李如松指挥骑兵且射且退，慌乱之中诸多士兵战死战伤。最后李如松带领的大部队不得不退保开城。这场战役让明军损失惨重，不仅有三百余名将士牺牲，其中大多数为李如松的精锐家丁，而且军用粮饷散失殆尽，虽然后来朝廷对于军事物资进行了筹集，但是因为运输等问题不能及时供应，此后明军方面粮食问题日益突出，军队士气备受打击。更让明军沮丧的是，朝鲜方面之前曾承诺的后勤补给并没有履行，更为确切地说，朝鲜根本没有能力承担明军庞大的粮食开销。其实早在明军攻下平壤后，李如松就已经发现朝鲜虚报粮草。他在写给经略宋应昌的信中曾气愤地说：“前日，听（您）说朝鲜国内有可供军队四十日的粮草，但是攻克平壤后的第二天就粮尽了，那四十天的粮草真的有吗？”入开城前，朝鲜方面又说城内有四万石粮食，但是李如松认为不可信。其实不只是李如松，就连朝鲜国王李昖也不相信下属的汇报，直截了当地说：“不但天朝的将士们不信，我也不信。”他的参赞官又改称开城应该有粮两万石。随随便便，张口就缩减了一半，可见朝鲜上下对于本国储粮是没有什么底气的，国王尚且被蒙在鼓里，更何况明军。

虽然李如松战败，但是袁黄却在守卫平壤过程中展现出过人的才干，他指挥数量有限的明、朝两国军队，顽强抵抗住了倭寇的反攻，在军中树立起了自己的威望。

碧蹄馆之战后，李如松意志消沉，加上国内大批后勤补给物资不能有序运到前线，朝鲜政府之前承诺的粮饷和人力、物力资源不能兑现，军事物资捉襟见肘，使得明军根本无力也无心恋战。但是朝鲜方面却不顾实际情况，数次催促明军继续出战。为此，作为参谋的袁黄和刘黄裳联合向朝鲜发出过一篇咨文，大概是讲明军入朝以来，一直转战杀敌，没有休息喘息的时间，且军队里兵马缺少粮草，伤员缺少医药护理，再加上二月阴雨不断，冰解雪淖，泥深数尺，不便行战。如果你们要打仗，就请派你们的马先行，我们的士兵跟上。你们国家粮食储备不足，不考虑紧急筹备物资来招待帮助你们的兵士，而只是不停地催战，这是为什么呢？从极为不客气的措辞中不难读出明军彼时的窘迫以及对朝方的不满。所谓兵马未动，粮草先行，后勤补给跟不上，明军也只能按兵不动，史书上有“有一城之粮，进一日之兵马……迨到粮草略备，挨城而进”之言，很大程度上是在保存明军的面子，据说有的部队将士为了填饱肚子，把马匹都杀来饱腹，还哪有心劲儿替朝鲜人马革裹尸、拔寨攻城。不过，就在碧蹄馆之战后的半个月左右，朝鲜将领权粟率领的军队在幸州山城之战中大胜倭寇，此时汉城日军兵力消耗已经接近五成，日军方面军粮和物资也出现了严重不足，于是和谈成为明、日两方共同的心愿。

不过因为朝鲜国都汉城还在倭寇手中，尽管明军决策层已经决定和议，但是此时停战必然会降低其在谈判中的主动权，所以在朝鲜方面支持不力的情况下，明军方面还是在极力想办法拿下汉城。此时袁黄的幕客冯仲缨献计说，自咸镜道向鸭绿江方向转移以备拦截后撤明军的倭酋加藤清正狡猾骄悍，与盘踞龙山的另一倭寇酋长不和，可以趁机游说，以离间之计击垮日军。袁黄将冯氏的建议向宋应昌如实进行了汇报，并得到了上方的支持。朝鲜方面在得知袁黄准备派遣手下冯仲缨前去游说加藤清正的消息后，领议政崔兴源亲自找到袁黄，商议解救两位王子之事。原来朝鲜两位王子被控制在咸镜道倭贼手中，如果趁此机会转圜，或许王子还有生还的希望。事不宜迟，应崔兴源请求，袁黄当即取出笔砚，封好信札，找来两名听差携带此信前往咸镜道协助冯仲缨等人。就在冯仲缨等南下，以纵横之术游说日军的同时，宋应昌又遣游击宋大斌、指挥赵应爵等领兵在益水、剑山等处张疑设伏威吓日军。前有冯仲缨等游说，后有明军疑兵，前后配合，最终袁黄手下不但成功解救了朝鲜两位王子及其陪臣，并且与加藤清正订立了盟约，诱使日军同意放弃明军梦寐以求的汉城。在这次事件中，袁黄又立下了大功。

但是“木秀于林，风必摧之”，李如松发重兵没有夺取的汉城，袁黄不费一兵一卒就办到了，引得李如松越发不满，甚至同为赞画的刘黄裳也开始嫉妒袁黄的功劳，指责其与日本倭寇私通。李如松也乘机将冯仲缨深夜逃跑的事情揭露出来，结果冯仲缨被军法处置。此外，“封贡议和”在朝中也引起了轩然大波，主和派数次遭到言官弹劾。作为经略的宋应昌为了自保，将所有罪责转嫁到袁黄身上，与此同时，见到袁黄失势，李如松也上疏“以十罪劾了凡”，最终袁黄落得个丢官罢职的结果。

（四）朝堂内外的诸多纷争

分析袁黄去职这件事情，其实背后的原因非常复杂，既是前线文武官员矛盾的展现，也是南北军内斗的缩影，同时也是万历时期党派博弈的必然结果。

1.文武殊途

中国古代自先秦时期文武分途之后，一般来说文主内、武主外，历来高级文官立于朝堂，与皇帝较为亲近；武将镇守关隘，保土卫疆。唐代及其之前，经常出现武将权力过大，拥兵自重，不受中央控制的情况，安史之乱的根源即在于此。有鉴于前代的经验和教训，赵匡胤建立宋朝以后，为了避免中唐、五代时期藩镇割据的乱象再现，特别规定文官参与军务，文武并用，且文官地位在武官之上，创立了以文制武的国家体制，此后以文官担任地方军队统帅成为常态。不过随着武将地位的急剧下降，宋朝军队实力也大幅削弱。明代立国之后，太祖朱元璋为了稳固基业，积极改革文武官制度，通过一系列行动削减开国勋将的兵权，最终形成兵部调集军队并制定作战计划，户部提供粮饷，工部准备武器装备，而武将只管指挥作战的局面，权力结构更加合理。但是太祖之后的成祖上位，他觉得武官权力还是过大，于是开始任命文官或宦官为统兵将领的监军，此后每遇战事，文官以参赞军务之名行监军之实成为惯例。仁宗朱高炽时期，允许武将以总兵身份作为常驻边镇的最高军事长官，总兵具有练兵与军事指挥的职责，权力颇大。英宗朱祁镇登基后，在文官的强烈建议下，内阁选派了一批文官到总兵处担任镇守官，镇守官的设置标志着明代文官已经在重要地区取得了同武将一致的军事指挥权。明代中后期，伴随着文官系统势力的扩张，文官继续以督军、军镇巡抚等身份渗入军队，分割、侵占总兵调动军队、人事赏罚等权力，甚至拥有作战中便宜行事、军法从事等职能，地位跃居总兵之上。但是明代又与宋代扬文抑武的制度不同，文官和武将没有统属关系，因为在总督制度下，总督虽然位在巡抚、总兵之上，但是总督并不是军镇长官，而是协调调度跨省（区）军务。巡抚统辖军务，需要多加“赞理军务”“提督军务”头衔，如果要接管军队统兵作战，还需要中央给予令旗、令牌，因此各地巡抚军权有大有小，相比武官地位也会略有高低。总兵虽然受地方督抚和中央双重管理，但是对于督抚也有一定的制约能力。受九边局势影响，明代中后期总兵的权力有高有低，但是总体来说，武将与军队的关系还是受到朝堂尊重的。

嘉靖至万历时期，总兵权力有回升之势，甚至在万历二十年（1592），李如松被委任提督陕西军务，充总兵官。提督总兵官是九边长城仿照文官提督而设置，类似于执“大将军印”的征伐总兵，权位非一般镇守总兵官可比。不过在地方军统大权已经移归文官、内官系统的背景下，李如松在朝廷命令之下，还是要听命总督节制。朝鲜战事被提上日程后，李如松以提督陕西讨逆军务总兵官，任提督蓟辽、保定、山东等处防海御倭总兵官，与以兵部右侍郎身份经略（大致相当于总督）朝鲜、蓟辽等处军务的宋应昌在地位上大体平等。但是为了“以文驭武”名正言顺，宋应昌在“经略”职权外，还加以“提督军务”头衔，李如松面见宋应昌时执边道拜见督抚的礼仪，素服侧坐一边。不过，既然提督与总督之间在权力上已形成颉颃之势，那么武将与文官之间的争斗也就不可避免。

其实朝鲜战争之前，李如松和宋应昌的矛盾已见端倪，只是后来在战场上愈演愈烈而已。万历二十年十二月十四日，朝鲜使节前往李如松府拜会，李如松在使者递送呈文时面露不悦，责备他们关于朝鲜的问题只咨询宋应昌，从来没有征求过他的意见，大有与宋应昌分庭抗礼的架势。朝鲜使节当即判断经略和提督两个人大体上是不和谐的。他们认为造成这个结果的原因可能是李如松刚刚平定宁夏哱拜之乱，势头正隆，对宋应昌有所轻视。其实朝鲜使节只是看到了表面的问题所在，其根源应该是明代文、武官员之间的矛盾，这种矛盾来源于统治阶层内部的权力分配，自阶级社会文、武分途以来就已经存在，且根深蒂固，已经到了难以调和的境地。入朝之初，武将杨元[①]就曾向朝鲜臣僚抱怨，文官出入各营，监放粮草，这些只会动嘴皮子、摇笔杆子的文官处处掣肘武将，使得武将不能放开手脚上阵杀敌，很是让人痛愤。杨元的话应该说出了武将们包括李如松的心声。

李如松祖辈世代从军，青年时期他承父荫袭授部指挥同知，充宁远伯勋卫，此后凭借骁勇善战，深谙兵法，一路血拼，才升到陕西总兵官的位置，就在领命奔赴朝鲜之前，他刚刚在平定宁夏哱拜叛乱过程中立下不世功勋。良好的家世、丰富的军事经验以及不俗的战斗能力自然使他具有一种武将特有的傲慢。与之相比，宋应昌身上有着严重的不足。他与之前历任总督不同，在军队素来没有威望，军营将帅中也没有他的支持者，朝堂上的风评似乎也不太好。《万历野获编》的作者沈德符曾评价他是一个没有威望但又好说大话的人，可见口碑不甚好。这样的人一旦受到特殊提拔，必定会惹来争议。据史料记载，他一度迫于压力，向皇帝递交了请辞经略的奏疏，后来还是因为得到了神宗皇帝的力挺，方才顺利衔命出征。这样的背景无疑让李如松更加看低了几分。虽然唐中叶以来文官集团的势力逐渐压过武官，以文制武成了既定的事实，李如松即使功劳再大对这一体制的束缚也是无能为力，但是他对宋应昌及其手下的不满，抑或说是轻视，应该是难以掩饰的。此外，与武将求胜讲求战略战术、昂扬士气与不惧马革裹尸的勇气不同，宋应昌特别相信奇门遁甲之术，进入朝鲜之前，他曾请托袁黄四处访求这种奇人异士，以期有助于抗倭斗争的胜利。结果袁黄还真找来山阴冯仲缨、吴人金相等置于幕下，

---

① 万历时期将领，原任都督佥事，朝鲜战争前线任中军指挥官、副总兵，在平壤之战中，带领一万人，攻击西城小西门，虽然在史料中被记载得不多，但是他带领军队消灭了日军大量有生力量，促进了战争胜利。在碧蹄馆战役中，他只身带领一千人，救援被日军重重围困的李如松，避免了主帅“战死沙场”的不利局面发生。

事实证明这些人在后来的战争中没有起到任何实质性的作用，但这件事本身，也让李如松觉得与之格格不入，加深了他对宋应昌以及袁黄的轻视和不屑，这从李如松人前背后称呼袁黄为“老和尚”（袁黄出入佩戴佛珠，举动若僧侣）就可见一斑。他初见朝鲜宣祖李昖时，就曾直言不讳地让李昖不要过于相信宋应昌手下的袁黄和刘黄裳两位赞画，因为他们与沈惟敬[①]一样，都是不敢打仗，力主和谈的，不会给朝鲜复国带来好处。也正是因为心存轻视，直接表现为忽视，从而造成李如松和袁黄在平壤大战之后发生了一次激烈争吵。此事源于平壤之战前，李如松曾以“封贡”之名迷惑倭寇，使之放松警惕，平壤之战能够马到成功与之应该有很大关系。但是这件事情很显然内部没有经过沟通，袁黄事后表示出了强烈不满，他认为李如松所为是有损国体的做法。据说对于袁黄的指责，李如松大怒。在笔者看来，袁黄是文官，李如松是武将，文官看重忠信礼义、光明磊落的儒家理论与武将兵不厌诈、幻不厌深的军事行为大相径庭，这些都是可以理解的，而且李如松的做法发生在两军对垒、你死我活的战场上，用智谋战胜敌人本来无可非议，反而袁黄要展现的大国主义情怀是否正确倒是有待商榷，但是这么重大的军事行动，高级官员间没有交流，甚至可能是有意隐瞒，这是不能够让人理解的，由此也可看出明代中后期文、武官员之间的隔阂已深，互不谅解，甚至矛盾重重，已经到

---

① 沈惟敬（？—1599），浙江嘉兴人。他以经商为生，精通日语。万历朝鲜战争时期明朝的中方外交谈判首席代表，主张封贡和谈。万历二十年（1592），日本发兵攻占朝鲜，明廷以宋应昌等率兵入朝增援。日军节节败退并以求和名义谈判。他因熟日语而被兵部尚书石星赏识，遂出任谈判使节。他与日方代表小西行长是旧交。为了议和，他怂恿石星奏请加封丰臣秀吉为王。丰臣秀吉提出七项议和条件。沈惟敬与石星私自改动有争议的条款，欺瞒明廷和丰臣秀吉。事迹败露后，明神宗大怒，下诏将沈惟敬和石星处死。

了影响战斗力发挥的地步。

2.南北矛盾

袁黄和李如松之间的矛盾也是南、北军矛盾的一个缩影。援朝军队由南军、北军和西北军（简称西军）三部分组成。

经略宋应昌，浙江仁和人，与以浙江兵为主体的南兵有着天然的联系。他受命以后所召集的部队大部分来自内地，其中在嘉靖年间抗倭斗争中立下汗马功劳的浙兵占了很大的比重，因此被称为南军。提督李如松带来的在陕西参加过平定哱拜战斗的九边劲旅则被称为北军。南军以募兵为主，擅长火器，单兵饷额较高。北兵擅长骑射，对战主要使用冷兵器，以世袭军士为主，饷额较低。矛盾主要集中在南军和北军之间。因为作战方式有别，粮饷不一，难免会发生龃龉。这就要求军队官员从上到下秉持公正的态度，做好疏通和协调工作，但是实际上以宋应昌、李如松为代表的明军官员都没有做到。据史书记载，“军中之事，则南兵每密通于宋侍郎”，南将“戚金与经略同心”，李如松也曾公开抱怨“经略南人，未知一分兵事，全惑于南军之言”。可见，宋应昌将南兵看成了自己的嫡系，这就形成了提督与北兵、经略与南兵两个存在诸多矛盾的利益共同体。偏偏明廷又“以南军受节制于北将”，“大概南北之事，最为可虑，南人多用权，北人势孤，故如此也”。这种交错式的人事安排虽然有助于制衡，但也进一步加剧了矛盾。按照朝鲜史料的记载，宋与李甚至发生了公开的对抗。“提督移咨于侍郎，其持咨之人，侍郎以棍杖打下三十。”两股势力在异国战场上互相斗争，最终的结果必然是两败俱伤。而袁黄因为出生江南，又是宋应昌举荐，自然应该归属南军。因此，虽然他为军队做了大量后勤工作，但是依然不受李如松重视，并且被不由自主地卷入了南、北军斗争的旋涡中。

平壤之役前，李如松为了迅速打开战局，曾明确要求大家不得割取敌人首级，但是战后却自食其言，要以首级论功行赏。当时只有北军有敌人首级，南军、西军均没有，军内一片哗然。不仅如此，南兵使用火器，火力大，威势猛，作战迅速，南军将领吴惟忠领兵率先登城，拔得头筹，但战后李如松在报功时，却把头功加在了北军张世爵的头上，北军居上，南军其次，李如松的错误做法自然又引起了南军的强烈不满。此外，还传出了士兵为了争功，盗窃朝鲜死人头颅的流言，引得朝鲜方面意见也很大。这件事被传得有鼻子有眼，异常邪乎：北军中的“向义鞑子”会尾随在朝鲜人后面，走到四下无人处，便挥起一刀将之脑袋砍去，头发削去（朝鲜成年男子蓄发，日本男子剃发），然后拿回营帐伪说倭寇以报功。事情真假不知，据说李昖也曾询问属下传言是否真实，但是臣下未曾否认，平安道监司李元翼也给予了肯定的回答。但是北军是否认的。就笔者看来，虽然谁也不能否认这件事确实发生过，但即使有，也不可能这么明目张胆、人尽皆知，所以肯定有添油加醋、故意散播的成分在里面，而这件事的始作俑者非南军背后的文官莫属。明军内部矛盾纷纭，李如松分功刻意偏袒，这一点是肯定的，朝鲜方面也有明确的记载，宣祖李昖就曾直接对臣下说，张世爵和李如松是同乡，说他有功劳不错，但是将之录为首功却是不可以的。朝鲜知中枢府事李德馨也明说，南兵不顾生死，一往无前，吴惟忠的功劳最大。

也正是因为李如松的偏私，平壤战后分功不均，使得南北矛盾有了一次集中的爆发。后来北军斩下的首级，南军干脆全都说成是杀朝鲜人冒功，而李如松稍稍夸赞南军在平壤大战中的功劳，其手下李如栢、张世爵等北军将领就会义愤填膺，不但把南军骂得狗血喷头，还会肆意贬低南军将领，说很多难听的话，引起南军的强烈抗议。这件事还曾传到了明廷，因为影响实在不好，政府便派布政韩就善、巡按周维翰等人亲往平壤查办此事。

就在流言纷飞，南、北两军吵得不可开交之时，袁黄挺身站了出来。他首先当面质问李如松“滥杀朝鲜人”这件事情的真伪，此后又指出李如松在平壤战后做得不对的三个地方。具体内容不得而知，反正结果是，提督李如松挥舞着胳膊对着袁黄痛斥了一顿，并当众骂道：“可恶的老和尚，在哪里听到的这些无稽之谈？”袁黄则淡淡地回应：“这是公论。”很显然，袁黄此举帮助李如松澄清了误会。虽然“滥杀朝鲜人”始终是个悬案，但是就这场争论来说，李如松的态度表明至少他是不知情的。接下来，李如松也为自己找了个台阶，就坡下驴，双方各退一步，袁黄以“闻之误”为由向李如松道歉，而北军将领也因此向袁黄叩头认罪，李如松将北军的功劳与南军、西军平分，并将一等功记在了沈惟敬的名下。袁黄似乎觉得李如松已经幡然醒悟，于是下令军中将士都不得再将这件事继续传播，最后是一个大家共同举杯、把酒言欢、互道辛苦、其乐融融的欢喜场面。

要不是后来发生的事情，可能别人会以为这件事情已经烟消云散，

沈惟敬

成为过往了。但很显然，李如松退让是为形势所逼迫。一来滥杀朝鲜人传得沸沸扬扬，这件事对朝鲜、对明廷都不好交代，何况众口铄金，积毁销骨，再继续这样下去，李如松就是一万张嘴也解释不清楚了；此外，不管是袁黄还是宋应昌，其背后都是关系遍布朝堂，而李如松一介武夫，根本不会有人替他说话；更重要的一点是，李如松在平壤分功问题上的确犯有不可推卸的错误，不但犯了众怒，还被人抓住了把柄，已经落于斗争的下风，再继续坚持下去，自己终究不会有好果子吃。他是一个久经沙场的将军，而不是一味蛮干的莽夫，他知道适可而止是最好的应对办法。经过这样一场争吵，南、北军矛盾被摆在台面上，远在千里之外的朝堂之上大臣们争议很大。万历二十一年（1593）正月，朝廷曾派出锦衣卫指挥使黄应旸等赴朝。黄应旸曾对朝鲜国王说："提督，辽东人不辨皂白，只喜杀戮，故俺赍免死帖万余道，专为活民而来。愚氓虽或畏死附贼，而如非向道者，则俺皆给帖安接，许还其本业。" 如果没有人弹劾北兵滥杀冒功，明廷没有理由颁发所谓的免死帖。另据朝鲜知中枢府事李德馨汇报："与其手下人相语，则提督见家书，多有不喜之色，云，谓曰：'吾之事，为功为罪，未可知也。'及来普山时，抚膺愀然不乐，此亦未知其故也。"李如松立了大功却担心受到处罚，进一步验证了他已遭到弹劾的判断。据载，朝鲜方面曾听见袁黄的下属私议，"主事同年二百余人，布在台阁，此言必闻之，闻之，则大事必生"。可见，李如松遭到袁黄举报的可能性很大。如果这一判断成立，则前面握手言和的记载明显有问题。试想，如果袁黄已经当面令李如松低头，且与众军均功，等于彻底解决了问题，何必画蛇添足，去破坏好不容易实现的南北军和谐共处呢？后来王必迪又怎么会难耐气愤，公然挑战李如松权威？但可以肯定的是，袁黄汇报给了他的直属上司经略宋应昌。后来，山东都御史周维翰、吏科给事中杨廷兰等人在给皇帝的奏折中提到"首级论功"一事，认为北军在平壤战役中所斩获的首级，除了倭寇的，半数皆为朝鲜民众，上万朝鲜国人在战争中焚溺而亡。可见文官在朝堂上还是占据主动权的。

不过，按照惯例，明军出征时会有纪功御史随行，记录官兵功绩，同时考校真伪，袁黄如果因为北军中出现冒功现象弹劾李如松，不免有代庖之嫌，史籍中也确实没有袁黄上书弹劾的记录。朝鲜方面在讨论李如松被参一事时也没有提及袁黄，而是说“似闻宋侍郎即奏本于朝廷，故论劾云”。宋应昌出征时，神宗赐予他专敕，可直接处置副总兵以下官员，李如松身为提督，显然不在直接惩处的范围，通过弹劾打压李如松的气焰，倒是宋应昌的主要目的。

此外，必须提及的是袁黄是宋应昌超擢上位的，可以说是宋的心腹（朝鲜人直言他和刘黄裳等文官是“宋家门客”），在南北矛盾中也自然偏向南军。袁黄在南北矛盾中，的确极力为南军争取利益。如他曾暗中写信给南军将领骆尚志，表示你们的大功宋经略都记下了，以后报到朝廷的时候诸位都是首功等。李如松也曾对朝鲜官员表示宋应昌向朝廷汇报战功时“以吾为第二”，“军功奏本亦为壅遏，可为痛愤”。可见袁黄在向明廷汇报战况时和宋应昌态度一致，且事先有过沟通。这样，袁黄与北兵北将不可避免地要发生新的碰撞。因为袁黄与李如松立场不同，所以关系始终难以调和，这从袁黄失势之时李如松破天荒地“以十罪劾了凡”，可见二人仇怨之深。

另外从战局来说，前线战争仍然处于胶着状态，明廷也不能临时前线换将，所以采取了各打五十大板的做法将此事压了下去，不过平壤首战告捷后，明廷迟迟不给封赏，这定然与南北军矛盾过大，朝廷也为之挠头有关。从袁黄在这件事情上的表现不难看出，他不但是一位极为有政治立场的人，而且在军纪方面要求相当严格，遇事绝不含糊妥协。

无疑，南、北军之间的矛盾使明军战斗力严重削弱。据记载，平壤战时，李如松之弟李如柏建议堆沙桥以便登城，南将“不答，终不用其桥”。在后来的战争中，南、北军的矛盾也没有缓解。李如松率领军队到开城，游击以下的部将皆跪拜听令，但是南军将领王必迪却独自站着，并且指责李如松不智、不信、不仁，说他这样的人怎么能用兵打仗呢。李如松很是生气，但是倒也直爽，当众叫他把话说完。王必迪大义凛然地说：“平壤攻城那日，士兵没有提前收到命令就要求出战，因此来不及吃饭，作为将领不考虑军士饥饱，突然命令攻城，这是不仁慈的；围城那日，我听到您在城外驰马督战时说，率先登上城楼的人，或者赏银三百两，或者授予都指挥佥使的军衔，现在登上城楼的人很多，但是三百两银子在哪里呢？又有谁是都指挥佥使呢？这是不守信义。此外大军不前进，只让先锋部队出击，一出现挫折，就命令大部队撤退，致使军队士气受挫，这不是不聪明又是什么呢？这样的将领可以依靠他来攻占城池吗？”李如松听完竟然无言以对，只好拿出银子犒赏南军以缓和矛盾。被手下如此当众叫板，且只能低头承认错误，可见李如松的威信已经遭受严重打击，明军碧蹄馆之战后士气衰落、一蹶不振应该与之大有关系。

3.党派斗争

明代朝堂的内部矛盾也影响到了朝鲜战局，万历年间，党派斗争已经成为痼疾，当时斗争的主要对象在内阁和吏部之间。

明代建立之初废除了前代的中书省，将职权划分给吏、户、礼、兵、刑、工六部，各部的权力非常大。但是中后期以降，随着内阁权力的扩大，六部职权被侵夺，尤其是吏部。有人曾生动地描绘阁臣见各部长官时的情景：各部尚书拱手执礼，敬听训诫，好比对待有威严的皇帝或者严厉的父亲一般。虽然张居正最后的身败名裂给了阁臣们一个警示，但是他们依旧和宦官们勾结在一起，专断朝权，情形未有大的改变。此后，连任的几位吏部尚书宋纁、陆光祖、孙鑨等人，皆以恢复部权为己任，并且行事作风较为强势，使得内阁不能再像从前一样对吏部如臂使指。万历二十年年初，陆光祖因为入阁失败而被迫去职后，继任的孙鑨更加任性，公开与内阁叫板。陆光祖在任时，虽然恢复了吏部尚书在路上遇到阁臣不需避让的旧制，但私底下还会命令车夫绕道而行，不与阁臣正面冲突，但是孙鑨却不同，即使知道阁臣的车驾在前方，仍然让马夫径直而行，绝不相让。表面看起来这是一桩微不足道的小事儿，但是对于阁臣而言，这是部臣对其尊严和地位的一次严重挑衅。阁臣很生气，而后果也很严重。内阁次辅张位精于任事，不久之后便向皇帝建议将原来由吏部直接廷推大臣的惯例，改为九卿[①]各自推选一人，然后由皇帝最终裁夺任用，这样九卿都能直接参与到选官、任官中来，而皇帝将官员任命决策权力掌握在自己手中，显然大家都是赢家，只有吏部权力被分散，在这一轮博弈中内阁暂时胜出。选官之权旁落，以孙鑨为首的吏部自然不会甘心，于是万历二十一年开启的京察成为吏部瞄准的目标。京察是考核京官的一种制度，本身目的在于奖优惩劣，使各级官员能够恪尽职守，为帝国统治做出贡献，但是因为关系到官员的升黜前程，所以备受朝野重视。

谈及万历党争对朝鲜战事以及袁黄的影响，就必须介绍一下包括袁黄在内的明军人员的背景和出身。宋应昌被任命为援朝的最高长官与他受到兵部尚书石星的器重有关。宋应昌在朝鲜作战之前曾任山东巡抚，在任期间关心边防海务，曾上书《海防事宜》，献选将、练兵、积粟三策。

---

① 传最早为夏朝官制，秦时正式设立“三公九卿”制度，为封建国家中央集权制度的雏形，此后沿用了数百年，直至隋朝创立三省六部制后才废除，但是三公九卿制的影子仍然随处可见。明太祖朱元璋登基后，废除中书省、尚书省和门下省，六部直接对皇帝负责，中国古代历史中的中央三级官制才寿终正寝。明清时期仍保留有九卿称呼，包括六部尚书、都御史、大理寺卿、通政使，但已成虚衔、加官或赠官。

万历二十年（1592），朝鲜告急，八月，明廷命兵部右侍郎宋应昌“往保、蓟、辽东等处经略备倭事宜”。山东半岛与朝鲜隔海相望，日军如果侵略中国，山东和毗邻朝鲜的辽东都可能首先遭到打击，明廷任命宋应昌以兵部侍郎身份为援朝大军最高长官，应与其相对了解山东形势且事先有所准备有关。但是宋应昌缺少行军经验，能够被委以重任，自然是因为有兵部尚书石星的推荐，而当时内阁首府王锡爵归省，赵兰溪暂任首魁，对石星的话言听计从。而李如松作为将帅一同被派往朝鲜，固然因为其战功赫赫、经验丰富，但更重要的原因是他新从宁夏平叛中凯歌而还，圣眷正隆，又得到了次辅张位的推荐。长年的政治生涯，使得石星练就了一身长袖善舞、察言观色的本领，可以说平衡各方面的势力是他确定援朝人选的关键因素，而显然宋应昌和李如松的默契配合程度是没有考虑在内的。也或许即使不是宋和李的组合，鉴于明代朝堂已然形成的各种矛盾，军队战斗力因此而受损耗是板上钉钉的事，朝鲜问题应该是偶然之中的必然。

而不幸的是，袁黄之所以获得提拔，以六品官位享受四品服的待遇，也并非完全是由于其才华过人。袁黄与宋应昌以及当时大学士王锡爵都是江南人。史载，袁黄“故耆夙名士，为太仓相公门人，号相知”。太仓相公即大学士、内阁首辅王锡爵，此时因故回乡，不在任上，赵志皋暂时代理首辅事务。刘黄裳与袁黄是同年，同为万历十四年进士。也就是说，刘、黄二人都是内阁首辅的门生。宋应昌举荐他们随军赞画，不排除有讨好王锡爵的目的。以这样的背景参与援朝，加之袁黄被任命为赞画时已及花甲之年，“潦倒迟暮”，就更容易成为吏部和言官攻击的目标。随军出征本来是袁黄建功立业的良机，但这样的政治生态却为袁黄后来的遭遇埋下了伏笔。其实这种危险，在袁黄调离宝坻后不久就已经出现了。据记载，袁黄调到兵部后不久，即遭到弹劾。万历二十年七月，吏科给事中李汝华上书，指责礼部尚书李长春、礼部左侍郎韩世能等不称职，连带提出“蔡可贤、袁黄俱不宜用”。他的理由是：“沿边、沿海各有专官，各有信地，弃职业为讨贼之务，舍见任为添设之名，未行先升……今日添官，平日所设之官何为？”吏部考功司郎中赵南星在奏疏中曾称袁黄是“原任宝坻县知县，今升兵部职方司添注主事”，可见袁黄是“添注”官，也就是编外官员，没有实际职事。李汝华弹劾袁黄的理由虽然只是不该“添设”，并不涉及他的实际工作能力，但遭人弹劾终归是仕途上的一个污点。

万历二十一年正月，大学士王锡爵回朝，这一年是癸巳年，正值京察大计。需要介绍一下的是，明代的政治权力一分为三，分别掌握在内阁、铨曹（主管选拔官员的部门）还有科道官[①]的手中。科道官品级虽然不高，但却是活跃在官场的一支举足轻重的力量，他们与皇帝比较亲近，享有封驳文书的特权；能够对包括内阁、六部和大理寺等在内的各级高官进行监督和弹劾，此外还有参与廷议的资格，有权参与核心决策，因此不可小觑。也是在这一年，王锡爵回朝，执行神宗“三王并封”（即通过将三位皇子一起封王来延缓立太子）的指示，但是最终在大臣的抗议下，撤回了诏书。这件事使得言路的反内阁派和内阁的矛盾更加激化。

癸巳京察，照例由吏部主持，科道官参与，于是内阁成为众矢之的。最终，包括次辅赵志皋之弟在内的许多由阁臣任用的私人遭遇被黜，内阁实力大受损失。在这次争斗中，吏部显然扬眉吐气了一把。

三月，京察结束，内阁伺机报复。恰巧此时言官以拾遗弹劾吏部稽

---

① “科道”指在明代中央政治体制中专司言论的机构，系六科给事中与都察院十三道监察御史的统称，取自六科和十三道中的“科”“道”二字。“科道官”就是明代的言官。

勋司员外郎虞淳熙、兵部职方郎中杨于庭、主事袁黄。这三人都不是大官，但参劾得极有深意：虞淳熙既是吏部官员，又是时吏部尚书孙鑨的同乡；杨于庭刚刚在平定哱拜叛乱中立功，且还未叙功；袁黄则身份特殊，他是首辅王锡爵的门生。因此孙鑨上疏力保虞淳熙和杨于庭，仅同意将袁黄免职。兵部职方主事袁黄当时正在朝鲜为援朝明军赞划军务，颇有功劳，孙鑨将其作为替死鬼，应该是看准了神宗不愿在平倭战事进入关键时刻自乱阵脚，企图借此完全推翻拾遗。袁黄在朝鲜并无错处，其被弹劾的罪名很可能是其著作中的“非儒”，即在所著《四书删正》中批评朱熹的《四书章句集注》。王锡爵虽是袁黄座主，但在科道官员丝毫不顾其颜面，执意把袁黄列为打击对象时，并未出言回护，而是经过一番利益权衡，也同意将之罢免。不过，袁黄身在朝鲜，且多有功绩，吏部的意见等于把球踢给了皇帝。此时，刑科给事中刘道隆又出言迎合内阁，弹劾吏部仅仅追究袁黄一人，不合规矩。内阁获得良机，随即上言，批评吏部“抑扬太过”，导致朝野议论纷纷，建议将三人一起按照公论处置。这等于将吏部的方案全部推翻，孙鑨自然不甘心，于是再度上疏为虞淳熙、杨于庭申辩，而且言辞激烈，触怒神宗皇帝，受到降职处分。同时参与京察的吏部官员赵南星也因此受到牵连秩降三级，引起科道官群起上疏为赵求情，引起神宗警觉，坐实了结党的罪名。而身为内阁首府的王锡爵因为受到了抨击，乘机以退为进，递交辞呈。神宗被彻底激怒，一面手诏慰留王锡爵，一面将赵南星、虞淳熙、杨于庭、袁黄等全数罢职或降级。在这次朝堂斗争中，内阁大获全胜，袁黄却作为牺牲品被无情地抛弃。虽然这一决定由于袁黄尚在域外的关系并未立即执行，但袁黄与军队武将系统的矛盾，却使其最终被罢官。

四、退隐江南

万历二十一年（1593），被内阁抛弃的袁黄又迎来最后一次重击，即提督李如松乘机上疏皇帝，诬告其十大罪状，史书已经说是诬告，可见虽然数量听着不少，但是没什么实际内容，也就是说这些罪状都是经不住核查的，但是既然已经成为朝堂之上诸多矛盾的焦点，那么什么内容应该已经不重要了，总归只是压死骆驼的最后一根稻草。同一年，袁黄罢官家居，此后很长一段时间闭门谢客，著书立说。万历三十四年（1606），袁黄去世，享年74岁。直到天启年间，袁黄当年的冤案方得昭雪，朝廷追叙其在朝鲜抗击日倭中所立下的功劳，追封尚宝司少卿。

（一）袁黄被罢原因分析

细为分析袁黄失官的原因，看似简单，其实极为复杂，大致可以归结为四点：

一是朝堂替罪羊。就是上面刚刚提到的，内阁与吏部、反内阁言官之间的争斗波及了袁黄，生在政治派系夹缝中的他不幸成为派系斗争的替罪羊。

二是北军的报复。袁黄罢官与惹怒北兵遭到李如松弹劾也有很大关系。袁黄和李如松之间，本来就夹杂了诸多的文武矛盾、南北矛盾，李如松兵败碧蹄馆之时，袁黄还曾上疏弹劾，使得李如松对之恨之入骨。“计赚汉城”后，袁黄虽然又建新功，但李如松却分不到好处，同时也惹来同官刘黄裳的嫉妒，于是李与刘串通一气，在袁黄本已遭受朝议之时，落井下石，构陷了袁黄的十桩罪状，其中包括袁黄在宝坻任内“纵民逋税”一事，袁黄遂被革职。李如松上书弹劾本质上是泄愤，但却把袁黄推向了深渊，成为其丢官罢职的助推器，因为此时的朝堂之上正在酝酿着一场巨大的政治风暴。

三是哲学宗教原因。袁黄在入仕途之前就已很出名，对于自己宗奉的掺杂了大量禅学因素的心学思想坚信不疑。在朝鲜尚且大肆宣扬，在国内自然也会引以为傲。问题是万历中期的思想界陆王心学已经不占主导地位，袁黄大肆宣传心学势必引起宗奉程朱理学的士大夫的反感，进而招致政治层面的打击。朝鲜史料称其“辨论四书注疏，逐节非毁，未久以左道惑众，遭台劾”也印证了这一点。至于座师[1]王锡爵不愿意保他，可能也怕引起众怒牵连自己。

四是对日作战立场问题。在对待侵朝日军的方略上，朝野上下始终存在主战与主和两种意见。在战争准备阶段，明廷内部这两种声音并存。但是明军曾俘虏过少量日军，从审问中知道丰臣秀吉野心勃勃，想借侵占朝鲜之机窥伺中国，如此一来，救援朝鲜实际上就是在自救，这个不容争论的事实结束了最初是否援朝的争论，主战派占据上风。但是以兵部尚书石星为首的军方政要十分清楚，援朝必须速战速决，因为明朝内部刚刚进行完一场平叛大战，国库并不丰盈，供应不足，势必不具备打一场持久战的条件。袁黄等入朝官员曾参与过战前物资筹措工作，对于国内后勤供给能力自然心知肚明。此外，石星在战前曾密遣间谍赴日本收集情报。其中的史世用假扮商人与泉州海商许豫于万历二十一年四月顺利抵达日本萨摩。史世用不仅探得日军在战争中损失惨重的消息，而且与萨摩州地方势力取得联系，发现日本内部矛盾纷仍，对战争的走向存在着截然不同的两种态度。这些信息为决策层推进谈判奠定了心理基础。

在李如松遭遇碧蹄馆失败之后，明军斗志丧失，加之战略供应不足、朝鲜配合不给力等客观条件，明军已经不具备大规模攻击敌人的能力，

① 明清时期举人、进士对主考官的尊称，又称座主。

这也导致主战派速战速决的希望破灭，于是同日方谈判，以缓解经济压力，争取缓冲时间的呼声越来越高。这就与朝中的主战派发生了激烈的矛盾，主战派以言官为主，在汉城收复后，言官屡遭主和派弹劾。兵部尚书石星因此锒铛入狱，宋应昌也未能幸免。在停战的当年，礼部主事洪启睿即上奏弹劾宋应昌误国，甚至冠以允诺和亲的嫌疑。后面这个罪名关系太大，宋应昌慌忙上诉辩驳，直言自己只是请封，绝对没有请贡、和亲的想法。为了显示自己的清白，他甚至将首倡和议、提出和亲的罪名全部推到袁黄的头上。其实和亲一说本是无稽之谈，中国历史上只有汉、唐时期和北方少数民族有过和亲的历史，从来没有和日寇和亲的先例。沈德符《万历野获编》曾有过这样的一个记载：李如松家的塾师诸龙光，系浙江余姚人。受李氏恩惠已久，多次有所请求，但李氏均没有答应，反而被其疏远，于是怀恨在心。后来李如松奉命赴朝征伐倭寇，先在平壤之战中取得胜利，后在碧蹄馆大败，在朝鲜逗留了很长时间，等到封贡之议出现后，武将李如松与文将宋应昌以及兵部石星都想和谈，尽快解决朝鲜问题。而反对和谈，主张继续打下去的人的意见不能够被采纳，于是渐渐有军中人向日寇行贿的谣言传出。到了万历二十年（1592），又有了同日本和亲结好的谣言。诸龙光借此机会陷害李如松，诬告他私下许诺日本和亲之事。御史唐一鹏等相信了他的谣言，就上疏弹劾李如松，而科道官乔允等人又趁机附和。万历皇帝向臣下问询，结果发现根本就没有这件事，而追问指示诸龙光之人，也是一无所得。可以说和亲一事本是是非之人捏造的谎言，传播开来之后成为主战派攻击政敌的有力武器。宋应昌作为东征军最高统帅，对这一流言本应详加调查，澄清事实，可他却急于撇清自己，硬生生地将罪名强加到已经被免职的手下袁黄头上，其人品之低劣和狭猛可见一斑。其实，朝鲜国王李昖也曾对他的品行提出过质疑，他说：宋侍郎（宋应昌）人还没有到朝鲜，就想把平壤之战的功劳据为己有，这样做不太好。他是寄托了众人厚望而来的，这样处事，不知道以后还会发生什么。此外，需要指明的是，宋应昌是援朝军队的最高官员，也是石星的坚定支持者，石星因为和谈获罪，宋应昌也绝脱不了干系。而就袁黄来说，他主和是事实，这在他给同僚的信中曾多次提及，但他只是一个赞画，不是一个决策者，掌控不了全局，充其量只是中央决策的执行者，即使和谈有罪，将罪责都加在他的头上也肯定是不合适的，从这个角度来说，他也只是宋应昌的一只替罪羊而已。而留存的史料更加印证了这一点，据朝鲜方记述：明朝军队中，一听到和谈成功的消息，没有人不高兴，欢呼声大如雷。不但人人喜悦，提督大人也非常高兴。可见，当初奔赴朝鲜战场的军方都支持议和，与日方谈判是整个东征军都支持的事情，不是一个人的责任。

袁黄以衰老之躯入朝参战，始终忠实履行着自己作为参赞的职责，不仅如此，还一度在主力南下的前提下，担负起保卫平壤的职责。此外，他在后勤保障不力，中、日军队僵持的状态下，用计骗取日军后退，进而取得收复汉城的大功。不过，他的个人努力，放在朝堂矛盾纷纭、派系斗争不断的历史背景下，显得微不足道。明廷的政治风气已经恶化到严重动摇统治王朝根本的地步，前线不仅不能获得后方支持，反而成为朝廷官员诸多矛盾与积弊的爆发点。他们对于战争的多方掣肘，以及战斗中不同派系成员间的互相作祟，都给战事带来了负面的影响。袁黄虽然身负报国之念，但是独木难支，最终还是无法阻挡来自四方的汹汹势力，最终只得落败于政治舞台，怀着“弓藏鸟尽应无恨，尚恨林深鸟未除”的遗恨凄然离开他为之奋斗的土地。几年后，朝鲜战事才最终结束，但是这些显然已经和袁黄没有关系了。可笑的是，战后论功，幕府走卒均得到了大小不等的功勋和荣誉，而在朝鲜建立大功的袁黄却没有丝毫奖励，看来腐朽没落的明廷走向灭亡只是迟早的事情了。

（二）解职回乡，退隐吴江

袁黄从京师解职后首先回到故乡嘉善，大概于万历二十三年（1595）迁到吴江（今江苏吴江）赵田村居住，此后经常以“赵田逸农”自居，表明自己已经完全脱离政治，在家闲适耕读。其实生活空间的转换并没有断绝他与嘉善的密切联系，他同当地官绅密切往来，且积极参与地方事务，对嘉善社会产生了难以磨灭的影响。

1.位卑不敢忘国忧

万历二十一年（1593）五月十八日，革职南归的袁黄回到嘉善家中，迎接他的是热泪盈眶的妻子和儿女，此后亲朋好友也纷纷赶来慰问，让袁黄深深感受到故乡的温暖。此时的袁黄，虽然壮志未酬，但是好在于九死一生中捡回了性命，所以他在给友人丁衡岳的书信中写道：我从海外归来，虽然在战场上出力甚多，且想着为国捐躯，但是因为不谙官场之习，只能在各种利益的争斗中败退下来，以至于落得黯然南归的下场。

江南士人生活图

现在的我只剩下闲居的乐趣，再也不会感到烦闷了。在给另外一个友人吴海舟的信中，他详细描写了自己的生活：年纪小的孩子热情欢迎我，家里的人纷纷劝慰我，宾朋故旧也络绎不绝拜访我。采摘青菜，烹饪鲜鱼，与大家斗酒相互慰劳。虽然现在正当大暑时节，但是披散着头发，裸露着身体，备感无拘无束的轻松。尤其是熏风徐来的时候，倍觉舒适，让我私下里觉得仕途虽然荣耀，但是比不上安居乡里的快乐。在他眼里官场的虚荣已经不重要了，为此一度关门谢客，屏除笔砚，专意静习。在前面我们曾提到过，袁黄的父亲袁仁就喜欢把自己关在房间里衣冠整齐地静坐，此时的袁黄也是如此，他认为冥思也是完善自我人格的一部分。也是在这样一种远离城市、归适山林的心态下，他觉得嘉善的居处仍然过于喧嚣，于是于万历二十三年又举家迁居至吴江赵田村。对于“新居”的生活，学者冯贤良曾有过细致研究。据他整理，袁黄曾做过八首诗来描述自己的所见、所感、所思：

赵田村

茅斋欣寂寞，独坐兴偏长。竹露滴清响，松风晚生凉。种桃披宿雾，待月倚新篁。意气老犹壮，高歌对夕阳。

雨霁钟声近，庭空槐影疏。著书忘岁月，多病罢樵渔。

趺坐容我老，焚香日影斜。如何忘旧影，落尽故园花。

双鬓愁千结，平生只寸心。

吾家松浦上，风景自相宜。……生意谁寥落，高飞亦有期。

世乱居难定，秋深雨不开。鼓鼙思往事，樽酒对荒台。

百年今过半，七尺竟何凭。……莫言红日尽，处处是寒冰。

壮图随落叶，生世托浮萍。……闭门终日坐，湖水自冷冷。

在另一个生活环境里，生活固然闲适，但是从诗句中出现的茅斋、竹露、松风、夕阳、庭空、荒台、寒冰、落叶、浮萍等景物，以及反映自己身心状况的寂寞、独坐、多病、寥落、千结、冷冷等词语，都可看出袁黄身居乡野但心系朝堂的愁绪，“意气老犹壮，高歌对夕阳”或许是对他“位卑不敢忘国忧”心境的另外一种诠释。

2.地方社会的人际交往

从各种资料来看，袁黄与地方官员保持着良好交往。嘉善县丞黄应钟[①]很有能力，德政甚多，袁黄对之非常欣赏。后来黄县丞离任，袁黄与乡友一起编刊了一部《实政录》，以此记录黄县丞在嘉善的行政工作。据说这位黄县丞对袁黄独子袁俨的学业很是上心，称其文学修养“万人敌”。从这些互动可以推断黄应钟和袁家关系应该较为亲密。袁黄与嘉善知县章士雅也相交甚厚。章士雅，字循之，常熟梅里人，明万历十七年（1589）进士，后升至工部郎中，在嘉善六年，政绩卓著。章士雅在任期

① 江西高安人，曾于万历二十一年至二十二年任嘉善县丞，后升任王府长史。县丞是知县的助手。

间决定编刊《嘉善县志》，当时已经移居吴江的袁黄欣然参与，并于万历二十四年县志完成后亲自撰写跋文。袁黄对这位县令的评价很高，说他不辞辛苦，关心百姓，重视民生，天灾之际积极请求上级减税赈济，是一位值得歌颂的良牧，两人关系可见非同一般。

袁黄与地方士绅的交往也非常密切。嘉善县地理空间有限，到袁黄时其家族已经在此生息繁衍了近二百年，是当地著名的文化世家，袁氏拥有的亲友圈在江南可以说是名副其实的顶级。

与袁黄交往最为密切的当数陈于王。陈于王，字伯襄，别号颖亭，他不但与袁黄是同乡，还是同科进士，陈家宅第就在袁仁所建院落以东，近亭桥处。陈于王的为官生涯较为平顺，先后任句容知县、湖广按察副使、四川按察使、福建按察使等职，有“循卓名臣”的赞誉。袁黄与陈于王都是名门出身，且情趣相投，两人常常在一起探讨修德行义之举。本来就是通家之好，后来袁黄的儿子袁俨又娶了陈于王的女儿为妻，于是两家更是亲如一家。

陈于王有两个儿子，袁黄评价他们都是贤良之才，尤其第二个儿子前途不可限量，这个人叫陈龙正。陈龙正（1585—1645），初名龙致，字惕龙，号几亭。崇祯七年（1634）进士，曾任中书舍人、南京国子监丞、弘光朝的祠祭员外郎等职。明末著名理学家，以组织推动同善会而闻名后世。值得一提的是，陈龙正是东林党领袖高攀龙的得意门生，与魏大中是同学。这位魏大中在历史上可是大名鼎鼎的人物，是“东林前六君子”（杨涟、左光斗、魏大中、袁化中、周朝瑞、顾大章）之一。

魏大中（1575—1625），字孔时，号廓园，嘉善迁北区（今嘉善大舜乡）南旱滨人。家族故居在今嘉善县城西部的县学偏北至熙宁门（北城门）之间的魏家漾一带。后来这里曾建有钱士升侄儿钱栴的彷村别业，是当时士人生活交游的一个中心。魏大中是万历四十四年进士，历官行人司行人以及工科、礼科、户科给事中，累官至吏科都给事中。他出身于贫寒之家，为官后清廉耿介、疾恶如仇。据说他从不接受贿赂，有人行贿就向上级举报，结果想托他办事的人都不敢上门了。福王曾以500两白银笼络他，他不但拒绝，还写信建议福王拿这些钱来资助边饷。这与贪墨成风的当时社会背道而驰，甚为罕见。更让人惊叹的是他胆子还大。宦官魏忠贤与大学士魏广微狼狈为奸，权倾朝野，百官在他们的震慑下不敢出言，但魏大中丝毫不惧，屡次上疏弹劾，言辞激烈，很快就遭到了这些人的报复。先是天启三年（1623）被魏广微指使亲信弹劾，贬三级外放，后返乡不及半载又被诬告受贿。这个罪名安得也是意味深长，魏大中本以不受贿闻名于朝，而以此罪见诸邸报，立时天下哗然。权臣阉党如此肆无忌惮、有恃无恐，引起了社会公愤。史书记载，魏大中被捕之时，数千士民号恸相送。船过锡山时，他的老师高攀龙亲自前来相送。巧合的是，就在魏大中被捕的前几天，魏大中的次子魏学濂迎娶了陈龙正兄长陈山毓的女儿为妻。江南士民不惧阉党的风骨可见一般。

与袁家来往密切的还有钱士升家族。钱氏故宅在魏唐河南的花园弄钱家汇，距离河南的袁黄家不远，钱士升晚年休养的“息园”，就在袁黄种药圃等故处，所以两家可以称为近邻。同时，钱士升与陈龙正又是亲家，陈龙正的一个女儿嫁给了钱士升次子钱棅。钱士升（1575—1652），字抑之，万历四十四年的状元。众所周知，古代的状元是殿试的第一名，皇帝钦点，殿试参加者为同年会试通过的举子。会试由礼部主办，京师贡院考试，大概在春季三四月份进行。殿试不存在黜落问题，会试则不同，基本决定了读书人的出路，因此竞争格外残酷。如同鲤鱼跳龙门般，成功了入朝为官，飞上枝头做凤凰；失败了继续埋首苦读，可能皓首穷经也是一文不名。正因为这场考试关键，所以朝廷用尽手段严格管理。尽管如此，还是有一些善于钻营的人，削尖了脑袋寻找空子，钱士升参加会试的这年就出了一件震惊朝野的舞弊奇案。当年的会元，也就是第一名，是吴江一个名叫沈同和的人。他是个官二代（父亲曾任河南巡抚），出了名的不学无术、品性低劣。据说皇榜甫一公布，士论大哗，有气愤至极的考生当即用泥巴将第一名从榜单上糊掉，后来迅速发酵成考生们集成队伍游行，抗议考试不公平。面对来势汹汹的舆论，皇帝只好让礼部再次复试，结果发现这个家伙连最基本的“四书”“五经”都背不齐全，实打实的膏粱子弟。后来再加详查，原来沈同和的文章是同乡也是他的亲家公赵鸣阳代写的。这个赵鸣阳也绝对是个厉害角色，不但帮沈同和考了第一，自己也考了个第六的成绩。不过德不配位，沈同和因为成绩太好，反而露出马脚，两人双双被判充军。此后这次会试不但遭到世人“丙辰会录，断幺绝六”的调侃，赵鸣阳也作为我国古代最厉害的枪手“名垂史册”。虽然这件事和钱士升没有任何关联，但是这种背景下得到的状元，其荣耀难免有所折损，不过钱士升的才华还是公认的。钱士升与东林党人顾宪成、高攀龙交往密切，未中进士之前就常常与其探讨学术，提倡理学，登第后更是与钱龙锡、钱谦益、钱象坤并称“翰林四钱”。他为官的时候，朝堂政治更加黑暗，“东林党”与“阉党”斗争不休，日益激烈，钱士升见施展不了自己的抱负，借口侍奉老母辞官归家。后来阉党首领魏忠贤专权，大肆逮杀东林党人，赵南星、魏大中、万燝等人相继被害，钱士升出于正义，荡尽家产竭力营救，受到东林党人的推许。

另外值得一提的是居住在嘉善县永安里的丁宾家族。丁宾，字敬宇，又字礼原，号改亭，隆庆五年（1571）进士。他就是《了凡四训》中提到的，与袁黄共赴北京应试的嘉善十位“同袍”之一，虽然年龄最小，但是谦虚友善，是个典型的有道君子。丁宾当年就考中进士，后来仕途也较平稳，历任句容知县、南京右佥都御史兼提督操江、南京工部尚书等职，后累官至太子太保（正一品）。丁宾考中进士的时间比袁黄早十余年，但是他们的座师都是王锡爵，加之二人旨趣相投，都认同阳明心学一派，袁黄书信中曾盛赞丁宾为“当世之伟人而理学之巨擘”，可见袁黄对其非常推崇。此外，陈龙正年少时常常在丁家书塾读书，曾与丁宾商略经史。万历三十二年陈龙正迎娶的妻子，则是丁宾的从孙女（丁宾之弟丁寅的嫡孙女）。陈、丁两家的联姻，无疑强化和巩固了嘉善望族之间的联系，极大提升了士绅在当地的声望和影响。

袁黄与居住于汾湖北岸吴江叶家埭（今叶周村）的叶氏家族也是渊源匪浅。前面提到过，袁家有吴江芦墟寓居的历史，袁黄与出身当地望族的叶重第自小熟识，且同为万历十四年进士，交情深厚，叶重第的第四个儿子叶绍袁自小在袁黄家中长大。叶绍袁生于1589年叶重第赴任玉田知县的途中，河北玉田距离天津宝坻不远，有相士说这个孩子命岁不久，所以根据江南习俗，叶重第在孩子四个月大的时候就将其托付给袁黄收养。后来袁黄奔赴朝鲜战场，家人被送回嘉善，其中就有叶绍袁。1598年，叶绍袁重返叶家，叶重第为表示感谢，为其取名叶绍袁。第二年，叶重第过世，袁黄再次接回叶绍袁，同儿子袁俨一同教育，因为两个孩子一同长大，所以他们数十年亲如兄弟。

叶绍袁（1589—1648），字仲韶，晚号天寥道人，吴江汾湖人，明末文学家。天启五年（1625）进士，官至工部主事。因为反对魏忠贤擅权祸国，以母年迈辞归乡里，坚不出仕。吴江叶家以诗文享誉文坛，他的妻子沈宜修、女儿叶小鸾、儿子叶燮均有文藻。清兵南下时，叶绍袁支持当地义军抗清复明，汾湖农民军领袖周瑞曾

叶绍袁像

拜其为师。明亡后，遁世为僧。

袁黄笃信佛教，晚年更是积极于佛寺的修复和重建，因此结交了不少同道中人，其中有不少是在地方上极有影响的官宦和士绅，如平湖陆光祖（嘉靖二十六年进士，历知县、吏部尚书等职）、秀水冯梦祯（万历五年进士，曾任翰林院编修、南京国子监祭酒等）、常熟严澄（古琴学家，虞山派创始人，大学士严讷次子，以父荫官至邵武知府）等，进一步扩大了嘉善袁氏的社交网络。

此外，袁黄在举业方面也非常有心得，教育方法得当而有效，因此吸引了大量从游者与门生向他请教。尤其是在退出官场后，他闭门谢客，致力教育，不但教授自家子侄，还收了不少学生。他给他们细致分析新科试卷，破题承题，以小见诸，娓娓道来，还将试卷分类评论，优劣一目了然。他对学生非常好，不但悉心培养，甚至学生过世后，他仍会设法在适当的时候请求官府给予他们家人必要的照顾，颇有怜贫惜才的风范。

3.参与地方事务

嘉善袁氏由陶庄移居魏塘镇发生在晚明社会剧变的大背景下，就在袁颢代替父亲协助大理寺卿胡概选定县治，魏塘镇成为嘉善政治中心之后，袁家正式开启了城市生活，这对于袁氏生活方式的改变和活动范围的扩大具有着决定作用，同时也标志着袁氏家族在地方事务中已经具有了一定影响。借助于祖辈的功德，袁黄少时就有机会与嘉兴府通判邓迁一起巡查县域、确定县址，对地方事务有了一定的话语权，后来随着袁黄的出仕，家族声望日隆，袁氏在地方上的影响日渐不可忽视。

袁黄归乡以后，除了参与地方文化事业建设，比较引起后人关注的是他参与了嘉善与邻近秀水、嘉兴三县之间的“争田事件”，而这件事对他后来在嘉兴的声名应该有所影响。

事情的起因要从嘉兴析县开始。宣德五年（1430），因为嘉兴县地广人多，政务繁多，故而在大理寺卿胡概的建议下，嘉兴一分为三，增置嘉善、秀水两县。但是与其他地区“分土分民”的做法不同，嘉兴分县采取的是“按籍分民，随民分土”的办法，这种办法可能基于江南富户较多，避免一户在不同的县区缴纳赋税，但是却使得三县地域犬牙交错，“混而难一”，甚至出现了县治三四百里外还有土地，或者城门外即为他县属地的情况，为治理带来了诸多不便。迨至万历时期，许多田地的主人已经换了几茬，“寄庄”现象严重。所谓“寄庄”，就是田在某县，而田主人的户籍在另外一县，当然地主或官僚在两个或两个以上的县都有田地的事情也不新鲜。这若是放在不缴“皇粮”的今天倒也没啥，但是发生在几百年前的明朝，赋、役都是要按照田亩和人丁征收，可就是大麻烦了。而且明代的粮额按照地区、肥瘠程度等有不同的征收标准且差距很大，更使得赋税征收问题多多。于是三县的寄庄民户就纷纷以“纳粮不便”为理由，要求将自己外县的田地同本县嵌入之田“互换”，差额部分补以“贴价”。乍听起来似乎很是合理，方便易行，但其实不然。三县税额本就不同，嘉兴最轻，秀水居中，嘉善最重，因此“贴价”的标准就会参差不一。如以秀水田置换嘉善田，每亩要贴银一钱五分，田地膏腴相当的互换较为容易，而肥瘠悬殊的互换就会引发争议，成功互换的较少。加之一些豪强地主乘机勾结官府，将大片土地化整为零，分散到其他农户的田地上，俗曰“诡计”，以逃避赋役。江南赋税本就很重，嘉兴府尤其重，而嘉善的税则成了重中之最重，已经到了百姓难以承受的程度，而解决的办法，似乎只有重新清丈土地一条。于是万历九年（1581）“一条鞭法”实施后，海瑞便开始负责江南土地的丈量工作。应该说，这次清丈的初衷很好，但是由于很多人为因素，并没有取得预期的效果。万历二十四年编修的《嘉善县志》指出：这次丈量，粮在嘉善，而田在嘉兴、秀水的，只选取了部分报，所谓“避重就轻”；而粮在嘉兴、秀水，田在嘉善的逐一填报。这无疑增加了嘉善的赋税。而在田地“互换”缴税过程中，因为嘉善税收比之秀水、嘉兴两县要重，“奸民”使用手段，使嘉善田地有去无返的现象多有发生。另外。“诡计”“欺隐”等问题的存在，都加重了嘉善田粮负担，甚至出现了很重的亏额，地方政府无法调停，只得按照万历九年之前的旧额继续征税，成为日后争田的客观原因。

关于夺田事件，政府、士绅和地方百姓均有不同的表达。后来嘉善县称，在嘉兴与嘉善换粮过程中，嘉善只收到685亩土地的赋税，与秀水换粮，推与秀水的田地有19314亩，而换回的秀水田亩是2654亩。虽然是一方之言，但具体数字已经无法查证，可问题肯定是存在的。常年的问题不能够很好解决，使得“奸民”越来越多，“良民”也成为“病民”。士民穷尽手段，将田地归入嘉兴、秀水，“以就轻粮”，冠冕堂皇地进行“兑换”，而结果使得嘉善陷入田地“兑者复去、去者不返”的尴尬局面。当时嘉兴知县郑振先也不回避换粮过程存在的问题，但他认为这是三县互相开推，也就是“互相隐瞒”造成的结果，等于各打三十大板。

明代争田事件，因为时代久远，细节烦琐，现在已经难辨其详。但是我们知道，在当时不少政客坚持认为，既然各县粮税有定额，就应当依照旧册，按粮索田，凡田在嘉善，粮在嘉兴、秀水的，应该划入嘉兴、秀水，田在嘉兴、秀水，粮在嘉善的，应该划入嘉善，这样问题就得以解决了。简单说，还是要通过清丈来“争田”，从而解决赋税的难题。理论上来讲似乎不错，但是实际上推行非常艰难，也因此万历九年之后又先后进行了四次清丈，但均不了了之。而袁黄肯定参与了某次清丈，或者说对于解决征税问题发表了自己的意见，从而影响了清丈的进程。按常理推测，虽然他并不一定是这件事情的积极参与者，但是像他这样有影响力且在当地有不少资产的士绅，在争田活动中完全没有表现和作用是不可信的。而且从明末清初开始，无论是他的义子叶绍袁，还是名士潘柽章，都将之视为吴江赵田村人，由此可以推断袁黄家的田地应该也是处在吴江与嘉善的接壤处，所以无论说其是嘉善人，还是吴江人，都不算错。然而对于争田这件事，袁黄在自己的撰述中却没有丝毫记载，原因很值得玩味。

不过，在崇祯年间刻印的《嘉兴县志》中，我们找到了这样一段文字：

> 嘉兴县知县罗炌看语……盖宣德四年事也，彼时原以户籍分田地，故嘉、秀田地有坐落嘉善界内，即嘉善县田地，亦有坐落嘉、秀界内者。又如海盐分出平湖，崇德分出桐乡，各有错壤，二百年来非一日矣。至万历九年丈量，攒造实征黄册，各以八年之原额为旧管，以九年丈量之归户为新收，此户开除，必查彼户新收，甲合里，里合都，都合县，查算磨对，各县照田办粮，毫无缺额，士民各守分义，毫无异言。至十三年，嘉善乡绅袁黄等，折田自肥，甚有三亩折一亩者，遂以私情鼓煽愚民，然不根之议，垂今四十六年，公勘结局者屡矣：一结于万历十三年，而巡抚温纯之允详可据。再结于万历二十七年，而巡抚刘元霖、巡按李楠、巡盐叶永盛之勒碑可据。三结于万历三十一年，而巡按吴崇礼之注销可据。四结于万历四十四年，而巡抚刘一焜之吊册会勘，兵备王钟岱、知府庄祖诲之执法去官，同知刘可训之审案申详，奸民俞汝猷等之割册鼓噪遣戍可据。总之，三县自争其田粮之重轻，而于公家一定之赋额原无增减。

其中涉及袁黄的文字是“至十三年，嘉善乡绅袁黄等，折田自肥”，是否真的“折田自肥”很难廓清，但能够肯定的是袁黄确实参与了争田，而且可能为了保障自己及乡民的利益曾经与嘉兴县官员据理力争，发生过不愉快，所以引起其他地域官员和士民对他的不满。至于“折田自肥”“以私情鼓煽愚民”从侧面反映了袁氏家族田产应该很丰厚的事实，不过作为当地有着顶级影响的士绅，这也不足为奇。

从时间上看，万历时期共发生了五次大规模的疆界会勘，其时间分别为万历九年、十三年、二十七年、三十一年和四十四年，除却第一次和第五次（万历四十四年袁黄已故去）他肯定不曾参加，中间三次他都可能参与。不过关于他参与夺田的记载少之又少，其本人记述以及亲朋回忆中都基本不见，大概是因为这件事情头绪繁多、牵涉甚广，无论乡村基层社会，还是乡绅地主阶层，再到府、州、县地方长官都有参与，大家都一言难尽，所以索性不约而同地采取回避的态度。

需要补充的是，袁黄成长于乡间，他了解江南农家的不易以及应付赋役杂税的艰难，加之自幼父亲经世济民思想的熏陶，使得他对于民生很早就有着极大的关切。这种关心也经常呈现于他的诗文中，可以说乡村日常生活中俯拾可见的情境对于他此后为官有着极大的影响。他观政礼部时，就开始倡导官府江南减赋；为官宝坻时，公而忘私，为了宝坻百姓，不辞劳苦；出征朝鲜时，不畏生死，一心为国。这样一个不徇私情、将理想和抱负视作生命的人，不太可能晚年只是为了一己私利就置百姓、国家利益于不顾，合理的解释应该是，他的行为处于他的立场是合理的，嘉善赋税重是天下公认的事实，他的所作所为只是为了增加嘉善的田地，以减轻县民的粮赋负担，而三县粮赋总额是不变的，他的诉求无疑会加重嘉兴和秀水两县的赋税总额，故而别县官员、士民对其颇有微词也很容易理解。简单说，就是个人立场不同，这种争田运动中只是

袁黄墓

各地方诉求不同的集中表达，谁都无可厚非。而弊政的根源还是由于疆界错乱，由于这件事始终不能有效地解决，导致江南县政不清、民生困扰。争田事件引发的大冲突正是地方对疆界问题引发的粮税弊窦丛生、利益分配不均的强烈不满的表达，通过这件事情可以清楚看到晚明政权的腐败无能已经到了积弊难返的地步，灭亡的丧钟已经提前在江南社会敲响。

袁黄晚年笃信风水，据说他常常雇舟行于乡间，寻找寿葬之地，这很可能是他日常消遣的乐趣之一。光绪《重修嘉善县志》中曾有过这样一个记载：一日袁黄行至一村，见一老人，须发皆白，便走上前去询问，这个地方风水如何？老人说，我在这里种地已经七十多年，但是只见过做官之人在此间作坟，却没有见过做官之人来此上坟的。袁黄恍然大悟，调转船头就离开了。袁黄亡故后，落葬于嘉善县胥五区的大西收字圩独社浜（今惠民镇王家村），距离其父母墓地（胥五区小冬圩孙家浜）不足十公里。据说，他的儿子袁俨曾向官府申请允许袁黄入祭乡贤祠，但是未能如愿，可能是他所宣扬的佛教因果思想不容于当时精英主流所信奉的道德正统论的结果。百余年后，袁黄以及他所撰写的《了凡四训》在社会上引起了巨大反响，地方统治者才将其正式请入乡贤祠，这也标志着袁黄及其思想真正被封建王朝统治者所承认和接纳。

晚明社会，思想界掀起了一股劝善思潮，《功过格》《感应篇》《阴骘文》等宗教伦理色彩浓厚的道德实践手册或通俗伦理教科书大量涌现。作为我国历史上第一位具名善书的作者，袁黄无疑是这场“诸恶莫作，众善奉行”善举运动的倡导者。他所撰写的《了凡四训》是一部融汇佛教思想、道教哲学与儒家理学，劝人积善改过，强调自我修养，提倡记功过格来完善自我的书籍，在社会上流行一时，至今仍有广泛的影响，袁黄也因此成为明代社会最有影响力的思想家之一。

《了凡四训》

一、袁黄善学思想的形成

“参天之木，必有其根；怀水之山，必有其源”。思想是时代的产物，任何一种思想的产生、形成和传播都与其所处的时代有着密切的关联。作为明代善学运动最杰出的人物，袁黄的思想和理论绝不是凭空臆想并且一蹴而就的。管子说“仓廪实而知礼节，衣食足而知荣辱”，因此善学思潮的兴起离不开明代经济发展的大背景。袁黄生活于明代后期的江南，这里土地肥沃，物产丰富，百姓纯朴，文化发达，是我国古代善文化氛围最为浓厚的地方。而袁黄的家庭，也自小给了他良好的教育，家族中秉性忠厚、人品端正、知礼慕义、博学多识者比比皆是，文化氛围的熏陶和浸染，为他善学思想的萌芽、实践以及形成奠定了基础。

（一）“善学”思想与袁氏家风

何为善？心地仁爱、品质醇厚即可称为善。如果一个人能够一直保持善良的心，就会生出善念，表现出好的行为，即善行，如此会培养出坦直、诚恳、忠厚、宽恕等精神和品格，具有这些精神和品格的人，可称之“真善”。“真善”思想在江南许多大家族中源远流长，嘉善袁氏就是其中的一个代表，袁黄的善学思想可谓其来有自。

1.袁顺：乐善好施，豪侠好义

袁黄高祖袁顺时，袁家是当地的巨族大户，袁顺是大儒方孝孺的弟子，学识渊博，行侠仗义，为当地人敬重。

（1）“订礼义之社”

袁顺曾和几位志同道合的同乡，如杨任、胡士高、庄毅、庄衍等成立了一个崇尚礼义的社团，社团中为每人准备了一个记录册，用以书写每日各自所行“礼义”之事。每个月大家聚会一次，由社员轮流组织，记录互相交换传阅。社团中的座位不按年龄高低排序，而是以大家“行义”之多寡为先后。虽然关于这个社团的具体细节已经淹没于历史的汪洋大海，但是从这些简单的记载可以推测，这个社团建立的目的是鼓励大家实践礼义之学，而修行方法则是以数量计，与袁黄后来倡导的功过格颇为类似。从《袁氏家训》记录的“人皆勇于为善而奔义若赴”来看，效果应该很好，促进了乡里为善奔义风气的流行。可以大胆推测，袁黄对于功德体系量化思想的最初思考可能正源于此。

（2）保护义士之子

明初“靖难之役”发生时，袁顺因为同齐泰、黄子澄交好而受连累，家财籍没，长子袁颢挈妻携子，远戍北平，袁顺将妻子王氏寄养于舅舅家，自己四处逃命。为了不累及他人，他一度投湖自尽，后被一位名叫吴贵三的热心人相救。再之后，他决定做点儿有意义的事。南京破城之前，黄子澄的妻子许氏和他的四个儿子从老家来到苏州府，准备同他一起共赴国难。知府姚善见局势难以挽回，为了给黄氏一族留下血脉，提前为其子改换了户籍：长子黄圭改名田立微，苏州府昆山县人，道士；二子黄玉改名田彦修，昆山县人，农村里正；三子黄润改名田彦温；四子黄泽虽然年少，也被改名换姓。袁顺打听到这些孩子当时正遁居江西，于是冒险赶在朝廷捉拿他们之前带他们避居湖北咸宁。永乐十一年（1413），明成祖朱棣赦免未被捉拿查问的齐泰、黄子澄亲属的罪责，袁顺在确认义士的后人万无一失后，方才回到家乡寻找亲人，此时距离他永乐元年（1403）离家，已经过去了十一年。袁顺的事迹被后世称赞为比肩“赵氏孤儿”的壮举。

（3）临终散尽家财

“靖难之役”前，嘉善袁氏本为江南富室，家有良田40余顷，可谓富甲一方。袁顺自幼行侠仗义，乐善好施，在家乡声望颇高。仁宗朱高炽登基后，下令各地发还“靖难之役”中无辜受害者的田产，于是在吴江教书糊口的袁顺方才返回家乡。当时袁氏田地已经被当地乡民侵占，按照政府的公文，袁顺本可以悉数收回，但是他体谅大家的艰难，只要求年富力强的人家返回一半；有些拖欠着，始终不能还清的，只让他们退回了十分之二三；还有一些完全依赖袁氏田产为生的穷苦人家，袁顺干脆全部赠予，结果最终拿回来的田产不及当年的十二分之一。袁顺生性豁达，即使在当时他家经济情况并不算好的情况下，他也没有计较田产的多少，而且在他离世之前，他仍不忘扶助乡里，将这些失而复得的田产重新捐赠给了族中的贫弱之家。可见他的为善思想是源自内心的表达，不以物喜，不以己悲，并不会因为个人能力的强或者弱，境遇的顺或者逆而改变，是毋庸置疑的“真善”。

2.职业：悬壶济世，为善行义

在“万般皆下品，唯有读书高”的古代，读书应举是许多富室大户维持家族地位长盛不衰的必由之路，尤其在文化氛围浓厚的江南，嘉善袁氏自然也不会例外。然而因为袁顺被卷入了“靖难之役”，袁氏族人便被列入了政府的“黑名单”，为官从政至少在明初是不可能了，那么如何择业，让袁氏家族能够长久地生存发展下去便是袁顺和他的后人急需解决的问题。

（1）“不为良相，便为良医”的士人观念

中国文人学士自古有“穷则独善其身，达则兼济天下”的想法，“以济世利天下”是每个文化人的最高理想。袁氏既然不能为官辅佐明君、治理天下，那么做医生“上可以疗君亲之疾，下可以救贫贱之厄，此外还能保身长全”，似乎是与之最为接近的选择了。东汉时期张仲景在《伤寒杂病论》中曾说“进则救世，退则救民”，北宋范仲淹也有“不为良相，便为良医”的职业理想，元代戴良更是直接地说“医以活人为务，与吾儒道最切近”，可见在古代人眼中，良相和良医都是拯救苍生、利泽万民的行为。

（2）家族机缘

袁氏从医也有机缘在内。在结束十余年的逃亡漂泊之后，袁顺回到毗邻嘉善的吴江暂居，以教书为业，生活安定之后，他将老母和妻子接来照顾。此时袁顺的长子袁颙已经在燕北苦寒之地殒命。后来袁顺的妻子再度怀孕，长年的忧病折磨使得她的身体已经非常孱弱，生下幼子后根本无力抚养。为了让孩子得到良好的照顾，夫妻俩将之寄养在好友徐孟彰家，这个孩子就是袁颢。徐孟彰是一位医生，从小将袁颢视作亲生骨血，因为没有儿子，后来干脆将之招了上门女婿，一身的医术也尽授予袁颢。袁氏悬壶济世自袁黄的曾祖袁颢起。

徐氏对袁颢的教育非常用心，从小让他习读“四书五经”，因此年轻时期的袁颢也有读书应举的心愿。不过袁顺极力反对，有人说是因为经受过迫害，心有余悸，不愿孩子接触政治，也有人说明初政府曾明令禁止靖难罪臣后代不准为官，因此如果袁颢应举，那么必然得完全放弃袁氏子孙的身份，而袁颢是独子，“不孝有三，无后为大”，身为父亲的袁顺自然不能同意。所以在父亲的建议下，袁颢最终弃文从医。

（3）行医与为善

医生这个职业在古代虽然地位不高，属于中九流，但是却很受尊重。上至达官贵人，下至平民百姓，都对医生怀有深深的敬重之情，是那些无法获得官职的士人的一种最普遍也最理想的职业。

当然让子孙行医，袁氏也有对家族自身道德素养的考虑。袁颢说，士、农、工、商，谓之“四民”，袁家既然不应科举，子孙又未必有能力从事农业耕种，而工、商，他都不建议子孙从事。然而他们又需要一技之长养活自己。那么在各种职业技艺中，只有医学和仁善最为接近，行医不仅可以解决生活问题，养家糊口，还能够施惠于大众。晚年，袁颢在撰写《袁氏家训》时还写到，自己放弃科考，专事岐黄已经六十几载了，虽然诊断中也出现过失误，但是仍然帮助了许多穷人和患者，为子孙积下了无数阴德，因此希望自己的后世子孙仍能继续治病救人。

此后，他的儿子袁祥、孙子袁仁都是医生，袁黄在重拾举业之前，也曾悉心学医，且对医学颇有研究。可以说，袁氏子孙在行医这条道路上，不断地治病救人，积德行善，在提高自身道德修养的同时，也在子孙内心从小就种下了“善”的种子。袁黄能够成为一代伟大的善学家，并为后人所敬仰，绝不是偶然。

3.家风：读书明道，约己济人

家风是一个家族在世代沿袭中形成的精神风貌、道德品质、价值观念、审美情趣等的家族文化风格，不同于门第或者财富等可以量化的表征，它是隐形的，看不见、摸不着，然而因为经历了长时间家族成员的沉淀和筛选，有了家庭特有的道德准则和处事标准，从家庭成员的举手投足、言谈举止中都可以感受出来，它可以被视作家庭的传统，也可以被称为家庭的文化。家风一旦形成，一般不用刻意教导和传授，只需要长辈的身体力行、言传身教，后辈们就能从耳濡目染的浸润中承袭，具有“润物细无声”的效果。袁氏家族的家风传递即是如此。

（1）袁颢撰写家训

袁颢继承了父亲乐善好施的品格，当年是他同父亲一起将嘉善的土地分给族中的穷人。他出生和成长于袁家最落魄的时期，在经历过诸多人世艰难之后，他在《袁氏家训》中说：一个家族也好，一个人的事业也好，都有高低起伏的时候，仿佛一年的春、夏、秋、冬，四季轮回。如今袁家正好像走在了冬天，也就是“杀节”，百草肃杀，万木凋零，在这个时候求富、求贵都是不现实的。不如做好自己的分内之事，好好地积累德行。只要这样，等到春暖花开的时候，袁家就能迎来转机。虽然这种理论乍听有点儿宿命论的观点，但是他认为一个人或家族处在低位时，不要急功近利忙于摆脱困境，而是好好地修养德行、完善自身，以待命运的转变，还是非常有启发意义的，这应该是他多年实践，参悟生命真相后的感悟。因此他说：

吾家既不求仕，则已绝意于荣贵。而操履之正，自是吾人当行之事，言必谛审，行必确实，而读书明道，约己济人，绝无分毫望报之意。庶几学问日进，道德日茂，而可以无愧于良民也。

从话语里不难读出袁颢对子孙的期望，不是出将入相、光大门楣，更不是荣华富贵、锦衣玉食，而是希望他们在努力学习、增长知识的同时，也能够不断加强道德修养，积德行善，成为一个无愧于心的“良民”。此外，文中所提到的“读书明道，约己济人”正是对袁氏家风最好的总结。“读书明道”不必多说，袁家几代人虽然不事科举，但是均饱读诗书。而“约己济人”是对道德素养的要求，既要努力修身成德，又要懂得扶危济困，帮助别人。这样做的目的固然是积累功德，改善家族命运，但更重要还是提高自身的素质和涵养。袁颢说：

恻隐之心，人皆有之，但贵涵养而扩充耳，随时用爱遇物施仁，使本来良心日逐渐进长。若不知饱受而恣情纵欲，害物伤生，初时心亦不安，久则若见其当然，而本心澌灭尽矣。

袁颢撰写的家训对后世子孙的影响是非常深远的，由他开始，其子袁祥、孙袁仁均以医学传家，且都有善行流传乡里。

对于治家，袁颢推崇宋代名相范仲淹尚“俭”的原则。范仲淹出身贫困，虽然后来身居高位，但是处处崇尚勤俭。据说家中没有客人时，菜肴中最多只有一盘肉菜，妻子儿女的衣食也只是满足日常所需而已，没有一点儿奢侈。但是他待人大方，经常扶弱济贫，还会把自己的俸禄拿出来购买义田，分给那些贫穷无立锥之地的百姓。一次他的家人在苏州买了一处宅院，卜算先生说风水极好，后代必出大官。范仲淹听后立即将这处宅子捐出来，改做学堂。《易经》上有句话是“积善之家必有余庆”，我国古代有富不过三代的说法，但是范仲淹家族兴盛了八百多年。袁颢认为治家的根本就是“俭”，“俭”有各种好处，可以养德，可以养志，可以养廉，可以养福。人之所以会变得卑鄙肮脏都是为欲望所累，只有清心寡欲、节用少求，才能忍受不足，为自己留有余地。他不只是理论上教导，而是从我做起，以身作则，身体力行，不会因为饮食不好而嗔怪别人，更不会因为烹饪粗糙而产生一丝妄念，他认为只要守好自己的内心，行为就不会犯大的过错。

（2）袁祥夫妇宽厚仁善

在袁颢的影响下，袁氏子孙均处处提倡节俭，并在俭朴生活之余，形成了淡泊名利的心性，滋养了仁善慈爱的品质。袁颢的儿子袁祥对于身外之物不以为意，他起初入赘殳家，妻子过世后，他将岳父家的财产悉数交付女婿钱萼，不贪一分一毫。后来续娶了平湖朱氏之女，夫妻和睦，与人为善。袁祥生性旷达，待人宽厚。平生不喜欢责骂别人，家里的仆童做错事应该责罚，他便与妻子私下约定，他拿着木杖做出打人的架势，妻子赶过来劝阻，一打一拉间，让仆人知道自己犯错就行了。他一生从未杖责过仆人，甚至大声斥骂也没有。

袁黄的姑父沈如松曾回忆说：“袁祥（袁黄祖父）性格温和，从来不会背后说人是非，与人交谈总是和颜悦色、如沐春风，唯恐出言伤人。即使对仆从，也不会怒目而视或者大声责骂。有一次袁祥带着仆从去浦家赴宴，夜深了，仆从们都喝醉了，他就自己摇着船把仆从们送回来。登岸之后，吩咐他们的妻子搀扶各自丈夫回家。第二天，日上三竿袁祥仍不起床，妻子就催问，他回答：‘我怕仆从们见到我不好意思。等他们下田干活后我再起来也不迟啊！’袁夫人同样为人宽厚，待人从不疾言厉色。有一次我来家里做客，看到她做的三件事，不逊古人：第一件事情，当时表兄（袁祥的儿子）生病了，袁夫人亲自拿了一碗好酒放在桌子上。仆人从外面进来，顺手就将酒倒在庭院里了。袁夫人询问，仆人说：‘我以为是凉茶呢！’袁夫人说：‘你不知道，原本没什么过错。不过今后凡事都要仔细查验明白再做，一千粒米也难以酿成一滴酒啊。’仆人很是后悔惭愧。明明白白的几句话，比捶打鞭策更能让人受教。第二件事情，有一个年纪尚幼的仆人在厨房里端着盘子，不小心将盘子摔到地上了，他的母亲责怪他。袁夫人看到了急忙阻止，她说：‘这是无心之过，为什么责备呢？只要把破碎的瓷片收拾好，别伤着人就行了。’第三件事情，一个田保（佣工）搭船来问候家中病人，袁夫人为他置办了酒食，并且送他回去的路费；田保再次来的时候送了两件礼物，袁夫人按照市价加倍回赠于他。她还对我说：‘穷人来问候病人，是出于好心，怎么能让他吃亏呢！’”

（3）袁仁夫妇节俭助人

袁祥夫妇的言行深刻地影响了儿子袁仁。袁仁一家生活非常朴素，家中经济条件不差，但儿媳妇想买上等的棉帛做衣服御寒，婆婆就会出言劝阻。她说买便宜点儿的棉丝就可以了，里面用麻丝做芯，外面用棉丝包裹，足可以过冬了。剩下的钱可以买些旧布，洗洗补补，送给穷人用。袁仁不在意功名，他在给妹夫沈抑之的信中说：我的祖父和父亲都告诉我，浮华的东西容易凋谢，朴实的品德难以磨灭，所以不要以科举中第为荣耀，而应该更加重视品德的培养。他曾嘱咐儿子，做一名合格的医生，一定要有慈悲恻隐之心，以拯救世人的痛苦为己任。不但业务要精，见识要高，气量要宏大，操守要廉洁，还务必谨慎用药，时刻以人命为重。可以说这是对于医德较为全面的总结。袁仁作为一名医生，也时时以这样的标准要求自己。他从来不会嫌弃那些贫贱或者身上散发着臭味的病人，即使病人疾病缠身，也会耐心医治。为人治病，有钱人出够医药费即可，至于穷人，会根据情况少收或者不收诊费，甚至用药也经常免费赠送。邻居沈氏一直对他家人不友善，后来这家人因病致贫，袁仁不但亲自上门诊治，赠送药品，而且他的妻子还号召其他邻居一起为沈氏捐款，帮助他家渡过难关。袁仁夫妇这种待人以宽、以德报怨的行为无疑是另一种形式的“善”的教育，他们的言传身教对袁黄善学思想的建立和功过修行观念的形成影响极大。

（4）袁俨一心为民

对于袁氏家训，袁黄无疑是一位传承并且发扬光大者，不仅如此，他还注重对于子女的教育。他的儿子袁俨曾担任广东高要知县。在任时，高要发生水患，河水泛滥，城中水深有三尺。袁俨身先士卒，努力带领大家抗洪。他冒着酷暑，四处求援，百忙之余，还心系百姓，认真查看贫苦民户家的困难；累日目不暇接，来不及休息，因为劳累过度，呕血在床，就是这样仍坚持工作，不忘百姓疾苦。他死后，灵柩运回故乡时，行囊空空如也，吊唁的士民泪流满面，如丧考妣，巷子里也传来百姓的阵阵痛哭声。袁俨是一位道德情操高尚的好官，是袁氏家风的践行者，几十年前他的父亲在宝坻做知县时也曾经同他一样，为百姓鞠躬尽瘁，死而后已，这样的薪火相传、父子同心，着实让人钦佩。

（二）融合三教的善学观念

袁黄博览群书，涉猎广泛，深厚的家学传承是其思想酝酿和形成的土壤。宋明时期，“三教合一”逐渐成为社会的主流思潮，许多理学家立足于儒学，但是佛、道思想兼而取之。明代大儒王阳明晚年直接将儒、释、道均视为圣学，认为它们都是从“道”中分离出来的，是“道”在不同层面的表现而已，都可以称为“道”，称谓不同是人为设置藩篱的结果。思想家王畿也毫不讳言地说“吾儒之学与禅学、俗学，只在过与不及之间”，也就是说儒学与佛学之间只有程度的不同，并没有本质的区别。从学术渊源来看，王阳明是王畿的老师，而袁黄是王畿的学生，袁黄无疑属于阳明后学，他的哲学世界观的形成必然深受阳明学派影响，而他的善学观念也应该是融合三教的结果。

1.袁氏的家学传承

袁黄与封建时代的读书人最大的不同应该是他涉猎异常广泛，这是很多人无法与之相比的。细为梳理袁氏家族的文化传承，便会发现博览群书、知识渊博是这个家族成员的文化特点。当然这与明初开始这个家族不仕科举密不可分。他家本来是书香门第，早在高祖袁顺时已经藏书甚富。根据《袁氏集训丛书》中袁顺“尤邃于经学，易、诗、书、三礼、春秋三传，咸有论核”，可以推断这些书以儒家“四书五经”为主。

袁顺死后，其家乡土地均分给了家族中的贫困人家，但是图书没有散佚，为儿子袁颢继承。《袁氏集训丛书》卷一记载，袁颢曾回忆说：“吾初习举业时，四书五经曾潜心熟玩，亦颇知读书之有益，及奉父命罢习举业，从而读书便觉不同。”可见他读书的范围已经不再囿于封建科举的内容。

袁颢早年丧妻，后来没有续娶，把精力全部倾注在对儿子袁祥的教育上，“尽授以其家传学术”（《袁氏家乘》）。袁祥也不负所望，非常具有读书的天赋，甚至对读书的兴趣已经超越了行医，一度惹得岳父不满。不过袁祥也没有因此而改变，一生喜欢与读书人谈诗论赋，有时间便埋头写作。王畿在《袁参坡小传》中曾称赞袁仁“祖颢、父祥皆乐隐居之道，著述甚多，吴下推为文献之家”。可见这个家族早在袁颢、袁祥时已以博学多闻、熟悉典章掌故而名声在外了。袁祥留下的诸多著作也充分证实了这个夸奖绝非虚言奉承。其中仅《嘉善县志》就记录了著作七十二卷，加之其他书目引录的，我们大概可知有《春秋疑问》四卷、《慧星占验》、《六壬大全》三十六卷、《建文私记》一卷、《新旧唐书折衷》二十四卷，还有《天文纪事》《忠臣录》《嘉禾征献录》

等，这些书籍显示了他除了经学，在天文、地理、历法、史学等方面也均有建树。

袁仁与当时文坛的著名人物，如王畿、王艮、文徵明和唐伯虎等都有诗文往来，此外王畿在《袁参坡小传》中评价他：“洞识性命之精，而未尝废人事之粗。雅彻玄禅之奥，而不敢悖仲尼之轨。天文地理、历律书数、兵刑水利之属，靡不涉其津涯”。王畿是王阳明的得意弟子，是晚明理学的代表人物，能得他如此称赞，袁仁的学术造诣绝非等闲。而《明儒学案》并没有将其收入，应该归因于他的学术思想自成体系与明清的思想主流并不完全一致，此外黄宗羲对于袁黄宣扬的功过格大为不满，批判十分激烈，袁仁可能也受到牵连。

袁黄是袁仁衣钵的继承者，袁仁留下的两万余册图书大部分由他收藏，他在学术成就上可谓是青出于蓝，“于九流诸家无所不窥，尤邃于医”，在佛学、农业、民生、水利、医学、音乐、几何、数术、教育、军事、历法和太乙六壬奇门“三式”绝学等，“莫不洞悉原委，撰有成编”，用现在的说法就是个“文理全才”式的人物。他的著作很多，可以用著作等身来形容。据不完全统计，袁黄共计有著述二十二部一百九十八卷，主要著述有《祈嗣真诠》《皇都水利考》《评注八代文宗》《春秋义例》《论语笺疏》《袁氏易传》《中庸疏意》《摄生三要》《宝坻政书》《两行斋集》《劝农书》《史汉定本》《袁氏政书》《袁了凡家训》《袁了凡纲鉴》《群书备考》《石经大学解》《历法新书》等，他参与了明《嘉善县志》的撰写，此外还是中国历史上规模最大、价值最高的一部大藏经《嘉兴藏》的最早倡刻者。

2.儒家文化的影响

“善”是什么？儒家经典著述中并没有明确的界定，但是如何为“善”，或者说“善”的举动及描述却有很多：

三人行，必有我师焉。择其善者而从之，其不善者而改之。

——《论语·述而》

多闻，择其善者而从之；多见而识之；知之次也。

——《论语·述而》

未可也。不如乡人之善者好之，其不善者恶之。

——《论语·子路》

人之性恶，其善者伪也。

——《荀子》

是以为善者劝，为不善者沮，上下一心，三军同力，是以百事成，而功名大也。

——《荀子》

中国古代儒家之“善”与现代意义上的善的观点差异很大，它始终围绕天道人性展开，认为符合天道人性的事物才可能是“善”的，反之即为恶。因此，天道人性既是“善”的来源，也是“善”的评价标准，可以认为“善”是对人性终极状态或者是圆满状态的一个表达。“礼义者，圣人之所生也，人之所学而能，所事而成者也。不可学、不可事而在人者谓之性。可学而能、可事而成之在人者谓之伪，是性、伪之分也”，也就是说，“善”的标准是圣人制定的，圣人创造了仁义礼法等观念和制度，并把它教授给大众，敦促人们“化善、修身、正行、积礼义、尊道德，百姓莫不贵，莫不亲誉”，这就是劝善。这种意义上的“善”，可以简单理解为“性”的完善，从另一个层面说，就是达到“无我”。因为民众本身对于“善”没有选择和决定权，“善”的最高境界就是修炼自身，使“性”主动地、自发地、自然地达到符合仁义礼法制度等文明或道德规范的圆满境界，在这个过程中，人性本身的东西，也可以说人的自我感受是完全被忽略的，正是“自我”的消失，使得“善”最终成为个人与他人关系和谐的体现。

正是在儒家“善”观念的引导下，“杀身成仁”“舍生取义”成为知识分子道德的最高理想，而“正心、修身、齐家、治国、平天下”和“穷则独善其身，达则兼济天下”成为人们追寻的人生信条。袁黄自小饱受儒学熏陶，他后来的所思、所言、所为都与儒学理论密切相关，可以说儒学是袁黄劝善观念的哲学根源。

宋明时期，理学成为儒家学派的主流。明代对理学发展作出贡献最大的当数王阳明。袁黄的父亲不但曾经问教于王阳明，且与他的弟子王畿、王艮等人相交甚厚，袁黄是王畿的门人。他曾说“我的学问，最早得授于龙溪先生（王畿），由此入门，并在探索了七年之后，方有一点省悟”，可见他的学术思想从渊源来说属于阳明学。他认为“何以见至善？此德明朗，犹如虚空，举心动念，即乖本体”，论“至善”，以“虚空”作为比喻，与王阳明、王畿以来的“无善无恶”认识一脉相传，可见他理论中的阳明学痕迹是很重的，有人将之称为阳明后学。袁黄对于劝善的热衷与投入，同样源于儒学中“亲民”与“万物一体”的思想。他曾对儿子袁俨讨论对于“亲民”的认识，他说：“亲民以万物为一体则亲……汝今未做官，无百姓可管，但见有人相接，便要视他如骨肉则亲，敬他如父母则亲。倘有不善，须生恻然怜悯之心，可训导则多方训导，不可训导则负罪引慝以感动之”。这种“亲民”明显是在强调“无我”的个人修养，与外界融为一体，达到最为和谐的境界，无疑是来源于儒学“圣人”强调的社会责任感。袁黄又说：“是故人之行善，利人者公，公则为真。利己者私，私则为假。又根心者真，袭迹者假。又无为而为者真，有为而为者假。”在这里“善”与“恶”被具化为利人与利己，公与私，心与迹，无为与有为，与早期儒学代表人物孟子以仁释“善”，突出“爱人”，荀子以“礼”释“善”，讲求养人之欲又有所克制的理论虽然在内容上存在差异，但始终都以人我和谐目标作为主线一以贯之，基本如出一辙，是前人思想的延续。此外，袁黄提出的功过格虽然借用了佛教的外壳，但是其思想的根源还应该是明代中后期以来阳明学说中的“改过”思想。

值得一提的是，袁黄喜欢的静坐也是儒家十分喜欢的修身功夫。《庄子·养生篇》载，春秋时期颜回有“坐忘法”，这是关于静坐最早的记录。后来，静坐为宋明理学家大力倡导。张载说：

> 读书，则此心常在，不读书则终看义理不见。书须成诵，静思多在夜中，或静坐得知，不记则思不起。

他所说的“静坐”不是目的，而是过程。他认为读书应当先行记忆，然后通过“静思”或者“静坐”进行思考，融会贯通，最后转变为自己的心得体会。此后二程也是将静坐视为修身的“第一要紧事”。程颐训诫弟子躬行孔孟之道时，不要忘记静坐，甚至看到别人静坐，“便叹其善学”，可见在他心中静坐是上等的学习办法。南宋时期，朱熹和陆九渊虽然是两个不同的学派，南北并峙，但是都将静坐视为学人的修身之阶。陆九渊教育弟子不必拘泥于辞章，要以静坐发其本心。朱熹认为静坐是求学问道的入门功夫，他说：

> 入学工夫，须是静坐。静坐则本原已定，虽不免逐物，及收归来，也有个安顿处。
>
> 用半日静坐，半日读书。如此一二年，何患不进？

静坐不但能使人内心安定，全身心地探索万物之理，对于身体康健也是大有好处：

> 中年以后，气血精神能有几何？不是记故事时节。熹以目昏，不敢著力读书。闲中静坐，收敛身心，颇觉有力。
>
> 某今年顿觉衰惫，异于常时，百病交攻，支吾不暇。服药更不见效，只得一两日静坐不读书，则便觉差胜。

在这些大儒的推崇之下，静坐之风在明代盈沸天下，王阳明、高攀龙、刘宗周等一批学人纷纷仿效。袁仁也喜好静坐，以至于在袁黄的记忆中经常出现这样一个清晰的画面：

父自外归，辄掩一室而坐，虽至亲不得见之。予辈从户隙私窥，但见香烟袅绕，衣冠俨然，素须飘飘，如植如塑而已。

长大后的袁黄也习惯静坐，从他一度在栖霞山与云谷禅师静坐三天三夜，可以推断他的静坐功夫已经修炼到极致。不过不是所有的静坐都值得提倡，他也提到自己在国子监读书时曾有过终日束书不读、一味静坐的“狂禅”状态，这种消极的静坐与“朱陆”提倡的“静坐修身”在道理上是背道而驰的。此外，提到“静坐”很容易让人联想到佛家的禅定和道家的打坐，大致儒、释、道在动作上来看相去不远，但是实质有所区别。一般来说，儒家的静坐较之佛、道更为随意，没有严格的时间、姿势和吐纳等要求，目的也不纯粹是修炼或者修身，有时单纯是为了放松身体、收敛内心，成为读书人一种简便易行的养生之道。

3.佛教文化的影响

袁黄的善学思想深受佛学影响。他的父母都是虔诚的佛教徒，因此从小接受佛学熏陶，青年时期与禅僧云谷禅师交游，彻底由一个消极宿命论者转变为积善改过的立命论者，即认为只要遇过个人努力就可以改变命运。可以说佛教改变了他的人生观、世界观，也改变了他的命运。

袁黄的父亲袁仁是一位佛教居士，他生前对于孩子们的信仰并没有强作要求，而是委婉地劝说和灌输。如有一次他对儿子们说：“宋初宰相吕蒙正每天早晨起来都要拜天祷告，希望家里能有信奉三宝①的人降生。

---

① 三宝：在佛教中，称佛、法、僧为三宝。“佛”指佛陀；“法”指佛的一切教法，包括三藏十二部经、八万四千法门；“僧”指依佛教法如实修行、弘扬佛法的僧人。

结果他的儿子（其实是侄孙）公著成了贤明的宰相，后世子孙中也有很多是知名的贤士。我觉得吕蒙正的做法是应当效法的。”话语虽然简单，但是对孩子的期望一目了然，在这种教育下成长的孩子即使不是虔诚的佛教徒，应该也很难对佛教心生排斥。

袁仁笃信佛教因果，三番五次向孩子们讲述毁佛灭佛遭受报应的故事，让孩子们引以为戒。其中的主人公或者他熟悉认识，或者只是听说，但很有说服力。

袁黄的母亲李氏也信佛，平时都坚持念诵经文，行住坐卧都不会停歇。儿子问她这样做的原因，她说：“我这是为了借此收心啊！你父亲曾经说过，人的心就像火一样，火会燃烧木头，而心火则会扰乱人事，所以孟子才有‘心里要时常装着仁义’的劝告。一念起佛号，各种妄念就消失了，终日持诵，这一天的心念就会收敛。”

在这样的家庭环境中成长起来的袁黄，自然很小就受到佛学熏陶。据说他自幼习学禅观[①]，已经修行到了定慧[②]的境界。从他与云谷禅师静坐三天三夜而不生妄念来看，这话应该不是虚言。后来，袁黄在教导弟子习业时非常重视静坐，他说：

> 凡欲静坐，须先息心，日常随事练习。……调和气息，放下身心，一切恶善都莫思量，游堕杂念，尽情抛舍，洁洁静静，常要完寂然不动之体。才觉昏聩，即奋迅振发，不容一毫懒散，

---

① 禅观的“禅”是指集中意识后获得的心性统一和安定；“观”是“观想”，指在禅的境地里详细地思念、念想的对象。

② 定慧：佛教用语。佛教三学，即戒（持戒，即防止行为、语言、思想三方面的过失）、定（禅定，即收摄散乱的心意）、慧（智慧，即观照一切的事理），是佛教弟子的修行纲领。三学中，慧最为重要，戒和定是获得慧的手段，只有获得慧，才能达到最终解脱的涅槃境界。

> 就昏聩处，猛自提撕，修惺惺法以胜之。惺不离寂，离惺而寂。是为顽空。离寂而惺，是为狂慧。但论对治之法，散乱时须以寂治之，昏沉时须以惺治之。[①]

这种静坐方式已经近于佛学弟子修行的禅坐。

青年时期，袁黄因为遇到孔先生为他卜算命运，且推算得极为准确，一度陷入宿命论的消极状态中，后来在慈云寺受到云谷禅师指点迷津，他转而树立起积极德善行积、“我命由己不由天”的立命论思想，从这个层面上说，佛教改变了他的人生轨迹，也改变了他的人生观和世界观。除了云谷，袁黄还与其他僧人交游，如从妙峰法师学习天台宗的禅学，请僧人本空、慧空东为自己行善作回向法事；向法本请教以为民减税抵过万件善事，并请其作回向；向幻余禅师请教佛法等，帮助自己排疑解惑、积善改过。此外，袁黄在《祈嗣真诠》中还说他曾经在南京栖霞寺得异人传授祈嗣之诀，但是没有透露这个人的身份，估计佛教人士的可能性更大。

袁黄的学术师承于阳明一脉，早年师从阳明后学王畿，崇尚心学，心学中本来就夹杂了很多禅学思想。他后来的另一位老师袁顺之也是明代的一位儒学大家，对阳明学说有所继承和发展，是南中王门的重要代表人物之一，他的思想受禅宗学派影响很重。有学者经过考证认为《西游记》的作者即为袁顺之，其文学思想中佛学因素浓厚便是证据之一。在两位老师的熏陶下，袁黄的思想体系中充满佛教色彩不足为怪。如他的劝善理论的基础是因果理论。所谓因果，本是佛教用来说明世界上一切关系的基本理论，就是说万事万物皆由因果支配，善因必产生善果，恶因必产生恶果，用生活中最直白的话表述就是“种瓜得瓜，种豆得豆”。袁

① 袁黄：《游艺塾文规》卷3《了凡先生论文》，武汉：武汉大学出版社，2009年，第203页。

黄在得到云谷禅师指点后，立即在佛前忏悔昔日的罪过，并表示从此以后不再放松，日日不忘行善积德。他的行善积德带有强烈的目的性，就是摆脱“命由天定”的束缚，最终实现“命由我作，福自己求”，从理论上讲，这也是一种因果。为了让他的理论为更多人接受，他还将因果关系应用在了科举上。他在《科举全凭阴德》篇直言不讳地说：“人家科第，大率皆由祖宗积德。”还举出内阁首辅杨荣等人及自家祖上积累德行子孙得中金榜的事例，规劝学子们要想科举取得好成绩，“先当积德”，说这是“举业之先务、登第之要枢”。再如袁黄在行善过程中遵循的“诸恶莫作，诸善奉行”的原则，其本身就是佛教中七佛教化众生所用的一句偈语。袁黄留下的关于佛教的著作很多，如《静坐要诀》《华严经要》《袁生忏法》《净行别品》等，闻名于世的《了凡四训》中也是大量地引用了佛教经典、义理和修行方法。

袁黄的生活和行为中也掺杂了大量的佛教因素，日常诵经，严格过着居士的生活。明代信奉佛教的文人学士很多，但像他这样即使为官也不忘以居士自居的却凤毛麟角。袁绍升在《袁了凡居士传》中描述他在宝坻为官时经常在居室中持经诵咒、学习禅观，每天都有课程，即使在行事匆遽、事务繁忙之时也不会间断。《李朝宣祖实录》也载，袁黄远赴朝鲜抗倭时，虽然已是官居四品，但一副僧人做派：“好佛，持身如僧”，“出外国临大军，至垂念珠”，以至于和将领李如松发生矛盾时，李对他破口大骂的第一句就是“可恶的老和尚”，在程朱理学还占统治地位的朝鲜，他无疑是一个异端。甚至他还主张科举考试使用佛经，以佛教为官方哲学，这在我国古代儒家社会绝对称得上“不同寻常”。虽然他的名气很大，在政治、军事上的贡献也为世人有目共睹，但在当时应该是一位颇有争议的人物，其在明代一直未被列入乡贤，应该与其思想不入主流有关。

4.道教文化的影响

嘉善袁氏世代行医，道家文化对袁黄的影响不可避免。这是因为中医药学与道家文化有着血浓于水的关系，正如中国近代道教的领袖人物、学者陈撄宁所说："医道与仙道，关系至为密切，凡学仙者，皆当知医。"[①]道家文化中有很多关于生命、精、气、神以及养身理论的知识，与中医解除病痛、拯救生命的实践是相通的，甚至中医学者所倡导的养生学最早就是从道家文化中移植过来的。因此，在我国古代修道之人几乎是没有不懂医术的，而医学精湛的中医也多对道学有一定研究。

袁黄的祖辈自袁颢起开始行医，出身于书香世家的他们对于知识的欲求更胜于一般的民间医生。袁黄的祖父袁祥对于医、道都有研究，并编辑了《六壬大全》一书。该书内容广博，提纲挈领，是颇为全面的道家典籍。袁黄的父亲袁仁，精通道、佛，曾系统研究过道家典籍，对于养生之术颇为擅长，且热衷于内丹修炼之法。在父辈的影响下，年青时代的袁黄一度也有从医的打算，因此对医、道两家的书籍都仔细阅读。后来他还遇到了几位仙道中的人物，教授了他学问，影响了他的一生。

第一位是孔先生。《了凡四训》中对袁黄和这位孔先生的相遇有着极为细致的描述。在嘉善慈云寺，一位仙风道骨的老者迎面走来，"修然伟貌，飘飘欲仙"，袁黄对之十分倾慕，恭敬地施礼，老者却没有客套，很直接地对他说："你是个走仕途的人，明年就应该进学了。"潜台词应该还有"怎么还在这里蹉跎岁月呢？"袁黄到底在嘉善慈云寺干什么，书中没有交代，可能是在货卖膏药，抑或是其他，但肯定是没有在读书。

这样的场景要是放在小说中，应该就是主人公遇到大罗神仙的节奏；发生在当今社会，可能是年轻人遭遇江湖骗子的故事；但是发生在

① 陈撄宁：《道教与养生》，北京：华文出版社，2000年，第7页。

400多年之前的袁黄身上，考虑到当时社会中佛、道盛行，大街小巷占卜算命之人随处可见，这样的经历应该也不会让人少见多怪。随后这位老先生自报家门，说他姓孔，是“得邵子皇极数正传”的高人。他口中所说的这位邵子，应该是宋代大儒邵雍。邵雍虽然是位著名的理学家，但这也并不妨碍他安心做一名道士，他撰写的《皇极经世书》一书被后世道家作为占卜的教科书学习。

通过这些描述，孔先生的“道人”身份呼之欲出。但是袁黄在书中始终称之为“先生”，“道人”未曾提及，估计是为表示尊重。袁黄将其视为老师，一日为师，终身为父，对于父辈，称呼“孔先生”显然要比“孔道人”恭敬。在钱希言撰写、刊于万历二十八年（1600）的《松枢十九山》之《獪园第三》中，有“孔道人神算会禅师立命”①一节，可以推测孔先生的道人身份是被时人广泛认同的。

可能是宗教本身具有的神秘主义色彩，袁黄遇到的第二位老师也颇为神秘。明末清初吴江朱鹤龄在《赠尚宝少卿袁公传》中写道：

> （袁黄）未第时尝受兵法于终南山刘隐士，又尝服黄冠独行塞外者经年，九边形胜、山川营堡历历能到之。

文中对这位“刘隐士”的记载非常简单，只有姓氏，没有名字，居住于终南山，传授袁黄兵法。这样简略的记述，几乎和《史记》中描述秦末张良在下邳桥头得遇授其兵书的黄石公如出一辙。众所周知，黄石公的身份是道士，他是秦汉时期道家的代表人物，后来被列入道教神谱。而且文中提到的终南山也不一般，它位于西安市长安区，市区南15公里处，是闻名遐迩的道教名山，全真派的发祥圣地。从他教授袁黄兵法来看，应该是世外高人，如果不是曾经作战经验丰富的军队将领（这种人一般都

---

① 〔明〕钱希言著，栾保群点校：《獪园》，北京：文物出版社，2000年，第7页。

功成名就，不会连个姓名都留不下来），那么最大的可能就是一位道士。其实在我国古代，道家和兵家一直就存在着密切的联系，兵家的代表人物孙膑的老师鬼谷子就是一位道家人士。道家文化博大精深，在我国科学门类还没有明确细分的冷兵器时代，其所包含的天文、地理之学，以及五行八卦、奇门遁甲之术对于行军打仗、对敌布阵有着不可忽视的作用。

需要补充的是，袁黄友人李世达所作《刻立法新书序》中还提到了一位终南山的道士，似乎与刘隐士相合。文中写道：他（李世达）的家乡距离终南山很近。有一年，袁黄科考失败，前来拜谒他，表示自己想隐居终南山。当时李世达的科考之路也不顺畅，也有同样的想法。于是两个人就到终南山拜访一位姓梅的老道士。袁黄是个年轻人，对待梅老先生非常谦恭，行的是弟子之礼，梅老先生没有推辞就接受了。那天晚上，三人一起交谈到夜半时分，后来梅先生被袁黄的学问折服，脸色都变了，说：“你应该做我的老师，而不能作为朋友啊！”赶忙向袁黄行礼，并且与他们约好去拜见他的老师。后来梅先生的老师将自己的学问尽数传授给袁黄，学成后催促他下山，说：“你是丙戌年的进士，尘缘未断，怎么能够归隐呢？”虽然没有名姓，因为传道授业的时间和地点两相吻合，可以推断朱鹤龄提到的这位刘姓隐士应该就是李世达所说的梅姓道士的老师，其身份不出意外应该也是一位道士。此外，袁黄还曾追随道士陈星川研习前代历法，并且编成《历法新书》五卷。

朱鹤龄文中还提到，在袁黄未考中进士（步入仕途）之前，他曾“服黄冠”四处游历。“黄冠”在明代是道士的打扮，袁黄以如此形象示人，既为了出行方便，同时也应是信仰的表达，这同他为官之后仍然会常年念诵佛经、佩戴佛珠一样，当然由此也可见明代政府对于宗教的尊重和社会的开放。此外，通过这段话我们也可以知道，袁黄青年时代曾在外游历数年，这样的经历不但让他了解了各地风土民情、九边形胜、山川堡垒，还开阔了他的眼界，增加了他的见闻。古人常说“读书破万卷，下笔如有神”，又说“读万卷书，不如行千里路”，通过对比可以知道“书”是理论，只有多读书，才能满腹经纶，但是空会“读书”也不成，还要注意躬身实践、学以致用，要在“读书”和“行路”之间找到平衡，从而不断地提升自己。袁黄后来任职期间，之所以能够从容应付、有所作为，也应该与他知行合一、以身实践、学以致用密不可分。

此外，在他之后的生活中，道教也起到了巨大的影响。据记载，袁黄在东征朝鲜期间，曾以占星之术预测战争形势，推测人事吉凶。即使到了晚年，他依然想利用掌握的堪舆之术，三番五次寻找寿葬之地。道家文化深深融入了袁黄的思想和生活。他在《了凡四训》中曾不止一次地提到道教人士。他们有修道有成的神仙，也有积善谦德的道士。一方面利用道教宣传了善学思想，另一方面因为道教在晚明社会习俗中的重要地位，使得他的善学思想更加世俗化，更加能够为百姓所接受。

朱鹤龄《赠尚宝少卿袁公传》曾说：

> 公（袁黄）博学尚奇，凡河图洛书、象纬律吕、水利河渠、韬钤赋役、屯田马政，以及太乙奇门、六壬岐黄、勾股堪舆星命之学，莫不洞悉原委。

冯梦祯在《寿了凡先生七十序》中也特别指出：

> 先生于九流诸家无所不窥，尤邃于医，即点化黄白、枕中石函之秘，世儒所云捕风捉影，不可希冀于万分一者，而先生以为必有，即试之而败不较，故挟数负塾者入幕颇多，则方外之士知有先生。

所谓“点化黄白”，指道家的炼丹之术；“枕中石函”为道教传说。显而易见，了凡之生命历程虽然依循儒者轨迹，但其学问体系甚为庞杂，而其思想性格则带有浓厚的神秘主义气息。此外，冯氏称“挟数负塾者入幕颇多”，并言了凡与“方外之士”，尤其是“淄黄之士”多有往来，透露出他与道教中人的密切关系。

由此不难看出，袁黄知识渊博，学问庞杂，各种理论兼容并蓄，或者可以说儒、释、道相互融合，都成为他思想体系中不可或缺的一部分。

袁黄的著作相当繁杂，又因其聚精、养气、存神的养生思想富含道教因子，日常修持如静坐、辟谷、功过格及祈祷有浓厚的道教色彩，其著作难免也充斥着道教意味。因此，其在援朝抗倭期间的言行举止也都透漏出佛学和道教思想的影子。

二、《了凡四训》的善学思想

《了凡四训》是袁黄对后世影响最大的一本书。他编写这部书的目的是教育自己的儿子，因此初名《训子文》，书分四篇，故而后人又称之为《了凡四训》。在书中，袁黄将儒家修身学说和佛教因果报应思想杂糅在一起，结合自己的亲身经历，将所见所闻、所思所感用讲故事的方式，条分缕析、娓娓道来，让读者在受到教化、反躬自省之余，还能深入体味明代善文化的内涵与价值。

（一）立命之学

这是《了凡四训》的第一篇。袁黄通过自身的经历告诉人们提升自我、改变人生的法门，自己才是命运的主宰，最坏的人生都可以通过努力去改变，好的命运都是通过拼搏获得的。

1.关于理想这件事

袁黄童年的时候，父亲去世，母亲希望他能子继父业，成为一名医生，还说这也是亡父的心愿。袁黄虽然没有拒绝，但是作为一名心有鸿鹄的有志青年，他也没有完全放弃自己的理想。接下来的时光他在努力学医之余也一头钻到书堆里，博览群书，虽然有些书籍较为深奥，他一时还不明白，但是他仍然坚持读下去，就在这样的日积月累中，学问日长。

理想是什么？理想就是你将来要做什么，你要成为一个什么样的人，是通过你的努力未来可以达到的。海市蜃楼般永远可望而不可即的是空想、幻想和妄想。唾手可及、踮踮脚就能够着的也不是理想，因为得到得太快，你不会懂得珍惜。因为理想能够实现，所以它可以照亮我们的内心，让人生的路途没有黑暗；因为理想不容易实现，所以我们要不懈地付出努力，生命因此变得富有生机和活力。因为理想，所以努力；因为理想，所以坚持；因为不想让理想成为空想，所以时时警醒自己脚踏实地。

2.要有积极的生活态度

曾经有一段很长的时间，袁黄的命数基本都在孔先生的推算之内，于是他产生了进退功名全由命定，个人的努力都是枉费工夫的想法，所以到后来他干脆放弃所有的努力，什么也不去追求。甚至在北京国子监读书一年，他都不想去翻书，整天一味静坐，在消极状态中度过每一天。这样的生活没有让他快乐，反而越来越迷茫。

人生是需要有所希冀和追求的，这样才能推动自己在成功的道路上不断努力，拼搏进取。有人说：不想当将军的士兵不是好士兵。虽然并不是所有的士兵都能当上将军，但是有积极生活态度的士兵，一定会在更高目标的驱使下，释放出自己的潜能，努力完善自我、充实自我、超越自我，最后成为更好的自己。欲望有多大，人战胜困难的决心就有多大。而抱着消极无为态度，什么想法也没有的人，则很容易随波逐流，无所事事，虚度时光之余，人生也会变得碌碌无为又了无生趣。

3.“求则得之”

“求则得之，舍则失之”是《孟子》中的一段话。袁黄对之曾有疑惑，于是问云谷禅师："这句话是说在我心里可以做得到的事情。譬如道德仁义，那是我可以求于自己的，我立志做一个有道德仁义的人，那我自然能够成为一个拥有道德仁义的人。但是如功名利禄等身外之物，如何求取呢？"云谷禅师回答："孟子的话不错，但是你的理解错了。你没见六祖曾说：'一切福田，不离方寸；从心而觅，感无不通。'求于自心，不仅能够寻求到道德仁义，也能够求得功名富贵。内外双得，这样的取，是有利于得的。如果不知道反躬自省，而只是向外求取，就是求之有道，而得之有命了。这样就会造成内外双失，因此没有什么益处。"

无论什么样的成功都离不开自己的勤奋和努力。

打铁还需自身硬，与其埋怨别人，把失败归结为客观因素，不如完善自我，去经历挫折的凄风苦雨，然后迎接下一个成功的机会，这才是"求则得之"的真谛。

4.忘记过去，成为更好的自己

在袁黄认识到自己的种种错误以后，云谷阐释说：既然你已经认识到自己的错误，那就要尽力改正。从前种种，譬如昨日死；以后种种，譬如今日生。这就是行为和真理相应而再造的生命。

人生是一场修行。从前的往事再多，到今天也无关紧要了；以后的事情，不管发生什么，从今天开始，从头再来，每天都是一个辞旧迎新、告别过往的过程。在这一送一迎之间，我们可以改正缺点和不足，勇猛直前，成为更好的自己。正是因为有这样的志气和追求，清代大家曾国藩为自己取字"涤生"，涤荡过去，迎来新生。

《礼记·大学》中有"苟日新，日日新，又日新"的警句，据说是刻在汤王的澡盆上的一句话。最直观的意思是，假如今天把一身的污垢洗干净了，以后便要天天把污垢洗干净，这样一天一天下去，每天都要坚持。可以引申理解为：要勤于反省和不断革新，这样才能让生命生生不息，日积月累，从而达到由量变到质变的结果，获得精神和品德上的升华。

5.自己是命运的主宰

云谷禅师说："人的血肉之躯，尚且有定数；而义理的、道德的生命，哪有不能感动的道理？《尚书·太甲》说：'天作孽，犹可违；自作孽，不可活。'《诗经》说：'永言配命，自求多福。'"

老天降临的灾难或许可以避免，但是若是自己作了孽，就要受到报应了。譬如一个孤儿，没有父母疼爱，这是老天在作孽，别人同情他，帮助他，他也可以获得爱，茁壮成长。但若一个人出身富裕，迷恋喝酒、赌博，败光家产，最后遭受厄运，也不会有人怜悯他。所以一定要常思虑自己的行为是否符合天理，只要多做善事，福气不用求就上门了。

求祸求福，全在自己，而多善是"立命"的关键，勿以恶小而为之，勿以善小而不为。

6.辩证地看待问题

袁黄认为：你未来的命运不知道会怎样，即使当下享受荣华富贵，也要常作寂寞寥落时想；即使人生一帆风顺，也要常作身处逆境来想；即使眼前食物充足，也要常作贫困饥饿来想；即使身边的人都喜爱敬重你，也要常作畏惧害怕想；即使世代高贵，也要常作卑微低下想；即使学问很好，也要常作浅薄鄙陋想。

人要懂得居安思危，辩证地审视很多问题，才能不被根深蒂固的观念束缚，让思维从因循守旧的窠臼中解脱出来，创新意识，找到解决问题的办法。

人们很容易在取得一些小成就的时候沾沾自喜、自鸣得意，但是此时你不妨回头看看历史上出现了多少伤仲永的故事。取得成绩固然可以高兴，但是不能忘乎所以，更不能被胜利冲昏头脑，躺在功劳簿上呼呼睡大觉，否则很可能前途稍露光明，失败便接踵而至。很多时候就是这样，不前进就意味着后退，因为你停滞不前的时候，别人时刻在准备超越你。

7.成为一个什么样的人

袁黄告诫儿子说：往远处说，要想着将祖宗的德行发扬光大；从近处讲，要想着遮掩父母的过失。向上，要想着报答国家的恩泽；向下，要想着造福家人。对外，要想着帮助别人渡过难关；对内，要想着防止自己做出邪谬的事。

要成为一个什么样的人？袁黄对儿子并没有说出具体的期望，只是从道德层面提出了几点要求。应该说，他的要求是符合当时知识分子“达则兼济天下，穷则独善其身”的道德理想的，从大处说就是要孩子继承家风，报效国家，乐于助人，从小处讲就是孝敬父母，爱护家人，约束自我。

每个人都不是脱离社会的独立存在，我们的生命不仅仅属于自己，我们是为了最重要的人而活，是他们的笑容和幸福构成了我们快乐的源泉；我们活着还是为了另外不相识的生命，慈悲之心、仁爱之心将我们与他们连接在一起。每个人都有自己的理想，以此来指引方向、辨明是非，善良、真诚、对他人有益，才能受到人们的尊重，也才能让生命之光在岁月的长河中熠熠生辉。

8.要坚持不懈地努力

袁黄说：天下有很多聪明俊秀之人，因为不懂得提升道德品质，不知道开拓事业版图，因循守旧，最终耽误一生，碌碌无为。

在这个不断变化的世界中，人始终是动态的存在。没有人是天生的王者，不需要努力和积累就能够始终立于不败之地。相反，要想将一张白纸染上色彩，然后升华为一幅世人传颂的名画，同样需要历练的过程。

昔日伤仲永的故事路人皆知，再是少年聪慧，如果后来学习跟不上，也只会落得黄花早谢的结果。而那些懂得活到老学到老的人，不断用知识丰富自己，能力和修养得到锻炼的同时，个人价值也会相应提升，三国时期的吕蒙就是很好的例证。吴军大将吕蒙从小不爱读书，后来孙权规劝他说：“你现在手握重兵，不可以不学习啊！”吕蒙为自己辩护说，公务繁忙，没有时间。孙权说：“我又不是让你当个博士，钻研儒家典籍，只不过希望你广泛涉猎，知道一些历史就行了。你说没时间，难道你比我更忙吗？我还经常读书呢，我认为从中很是受益啊！”于是吕蒙开始求学。后来鲁肃与吕蒙议论朝政，大为惊讶地说：“你今天的学识和才干，已经不是我原来认识的那个人了！”于是吕蒙说出了“士别三日，当刮目相看”这句流芳百世的至理名言。

人生就是不断学习的过程，通过学习武装自己的头脑，让自己更有智慧地生活下去，不断探索未知的领域，享受其中的自在与快活。我们的生命只属于当下和未来，学习没有早晚，从现在做起，通过努力学习，为自己铺就一条通往充实和美好的未来之路。

（二）改过之法

这是《了凡四训》的第二篇，主要介绍对待错误的态度以及改正错误、完善自我的方法。美好的品格不是一蹴而就的，是一个需要长期不断认识、改正并且完善的过程，除了刻苦修行，没有捷径。

1.改过需要具备“三心”

袁黄认为改正错误需要具备三种心理素质，即羞耻心、敬畏心和勇猛心，合称“三心”。有这“三心”，人们的心理障碍就能破除，犯错之后就不会患得患失、犹豫不决，改正也就不是什么难事了。就像春天的冰遇到了太阳，怎么会担心消融不了呢？

一是羞耻之心。

袁黄说：凡是决心改过的人，首先要有羞耻之心。想到古代的圣贤，与我同为大丈夫，为什么他们可以为万世师表，而我却如同陶器破裂般默默无闻呢？那是因为沉溺于世俗欲望，私下做了一些不合礼义的事，以为别人都不知道，还装作傲然无愧的模样，如此沉沦下去，逐渐成为卑劣无耻之人，自己却还不知晓，这世上没有比这更令人羞愧、耻辱的事情了。孟子说："耻之于人大矣。"因为一个人有羞耻心，便可以成为圣贤，若没有羞耻心，那么就跟禽兽没有什么区别。这就是改正错误的重要秘诀。

"人非圣贤，孰能无过。"我们每一个人在成圣成贤之前都是普通人，因此都会有这样或那样的毛病，都会犯这样或那样的错误。犯错误没有关系，关键是做错事后要有羞耻心，要能够"知耻而后勇"，及时改正错误。

"耻"字，古写作"恥"。《说文解字》解释，从心，耳声。就是说，凡人之羞耻由心而发，闻过后会面红耳赤，这是人性使然。故而孟子有"耻之于人大矣"的感叹，意思是知道羞耻对于一个人的意义重大。"羞耻心"亦称羞耻感，指的是人们对于与道德标准相违背的行为产生的一种羞愧、耻辱的感受，是自我意识、自我谴责的道德情感。羞耻感可以理解为人自知之明的一种表现，是对自己不当行为的一种认识和反省。

二是敬畏之心。

袁黄说：决心改过的人，还要在心中发起敬畏之心。我们头上有天地鬼神在看着，它们不可能被欺瞒。即使再隐蔽微小的过错，它们也看得清清楚楚。如果犯的错误严重，上天就会降下很多灾祸；如果犯的错误比较轻微，也会损耗现世的福报。我怎么能不害怕畏惧呢？不只如此，即使在避人独居之处，所有的行为也被鬼神看得像十指一样明白；虽然做得非常隐蔽，文饰得也十分巧妙，但内心的想法早已暴露出来，最终难免自欺欺人。如果伪装被人看破，那就人格丧尽、不值一文了。怎么能不怀着一颗敬畏之心呢？而且，人只要有一息尚存，即便是滔天大罪，也可以忏悔改正。古代有一生坏事干尽，临死前萌发一丝善念，仍可得到善终的人。就是说，内心有一个足够勇猛刚烈的改过念头，足以洗刷一生积下的罪恶。好比上千年的深山幽谷，只要点亮一盏灯，就可以消除千年的黑暗。所以说，过错不论是什么时候犯的，只要能够改正就弥足珍贵。世事变幻无常，肉体容易消殒，一口气没喘上来，身体就不再属于我们，想要改正过错也就没有机会了，在阳世就会背负千百年的骂名，即使家族中有贤良的孝子慈孙出现也不能洗脱；在阴间则会遭受千百种的劫难报应，即便圣贤的佛祖菩萨也不能相救，怎能不畏惧呢？

在广阔的宇宙间，人只是渺小的蝼蚁般的存在，一种不知道来由的病毒、一场小小的事故，都会让我们的生活面目全非。佛说：万般带不走，唯有业随身。人死后，身前纵有金山银山也不会带走一文，能带走的只有在世时的所作所为，即“业”，好“业”有好报，坏“业”有恶报，如影随形。

人生苦短，能做的，不能做的，泾渭分明。“抬头三尺有神灵”，信仰是约束道德的利剑，能够帮助人们审视自己的言行，指导人生的方向。有信仰就会常怀敬畏之心，承认我们人性的脆弱，才不会妄自尊大、自以为救世主般肆无忌惮地冲破任何道德底线。丧失了信仰，敬畏之心也会随之缺失，内心善念和外在行为就会割裂，人类离邪恶和灾难还会远吗？

敬畏之心，让人明白“君子有所为，有所不为”“天网恢恢，疏而不漏”的道理。佛教认为，只要一息尚存，即使再大的罪恶，也能悔改，“回头是岸”。古人也说，有了过失，“有则改之，无则加勉”，“过则改之，善莫大焉”。一个拥有敬畏之心的人，会通过不断修正自己的行为，顺着良知的指引做事情，懂得“君子爱财，取之有道”的道理，不沉迷于享受，不贪恋于财物，不急求于事功，生活因此从容而淡定。

三是勇猛之心。

袁黄说：决心改过的人，还需要勇猛之心。一般人不能改正自己的错误，大多是因为徘徊退缩；我们必须要发愤向前，不能犹豫不决，也不能拖延懈怠。小的过失，就像芒刺扎进肉里，应该快速将之剔除；大的过失，就像被毒蛇咬了手指，应该立即将指头斩断，不能有丝毫的犹豫停滞。这就是《易经·益卦》所说的改正错误要雷厉风行的道理。

战国时期，赵国有一名大臣叫蔺相如，因为屡立功勋获得赵王的奖励，大将廉颇不服，处处挑衅，但是蔺相如一直避让。手下询问原因，蔺相如回答："秦国之所以不敢侵入赵国，是因为我们武有廉颇、文有蔺相如。如果我们两个人起冲突，不就是给秦国以可乘之机，陷赵国于危难之中吗？"廉颇听后，知道自己错了，披着荆棘向蔺相如请罪，这就是历史上著名的负荆请罪的故事。廉颇虽然因为一时的愤怒而做下错事，可是他勇于承认，敢于改正，避免了更大错误的发生，不但没有受到世人责备，反而以勇猛之心名扬后世，成为大家学习的榜样。

我们每个人身上都会有不足，都需要有改正错误的"勇猛之心"，小的错误不当机立断、立刻纠正，就会由小变大、积少成多，最后养痈成患，后果不堪设想。人的一生，道路漫长，不会因为走错一步就找不到正途。但是，如果因为缺少改正的决心和勇气，一步错，步步错，最后很可能就是心灵绝望，万劫不复。昔日的西楚霸王项羽，何等豪情！但是因为刚愎自用，不肯承认错误，最终只落得个乌江自刎的结局，后来人怎么能不以此为戒呢？

2.改过的三种具体方式

袁黄认为：人们所犯的错误，有从具体事情上改正的，有认清道理而后改正的，也有从心性修养上改正的。三种方式因为付出的努力程度不同，收获的效果也有差异。

一是从事上改。

从具体事情上改，或者说是只针对事情本身的改正。从具体事情改过，本质上来说是通过外部力量的限制来修正，其难度大小且不论，其结果是肯定无法消除病根。即使此时改掉了，日后仍会重新出现，这不是从根本上改掉过错的办法。

二是从理上改。

善于改正过错的人，并不是从事实本身上去改，他会先弄明白自己做错的原因。譬如以前好发脾气，就要想着：每个人都有不足的地方，从情理上来说，都是应该理解和同情的。倘若别人违背常理和我争执，是别人的过错，和我有什么关系呢？仔细想来，其实并没有什么可发怒的。再想一想，天底下没有自封的英雄豪杰，也没有专门抱怨别人的学问。做事情不能顺心如意，都是自己德行不够，不能感召善果罢了。这些都应该多做自我反省，把别人的诽谤和诋毁都当作是对自己的磨炼和成全，如此就能够欣然接受命运给予的赐教了，又有什么需要发火的呢？听到别人对自己恶言相向不必发怒，谗言即使如同烈火熏天一样猛烈，也不过就像擎着火把妄图烧毁天空，最终只会落得自行熄灭的下场。听到诽谤就发怒，且费尽心力地辩解，好比春蚕吐丝般作茧自缚，不但徒劳无益，还会招来祸患。其实，种种的过错和罪恶，都能够静下来理性地思考，道理明白了，过错自然能够改正。

三是从心上改。

发自内心的改正才最可贵。什么叫作从心而改呢？袁黄的解释是：错误的原因有成百上千种，都是由心而生的，如果内心不起妄念，过错又怎么能够产生呢？有志于追求学问的人都明白，贪恋美色、追逐名利、喜爱财物、乱发脾气等过错，不必逐一分门别类地寻求改过的方法。只要一心向善，心中怀有正直的信念，邪恶自然无法浸染心灵。就好比明日当空，魑魅魍魉之流定然无所遁形，这才是最精纯、最有效的改过诀窍。过由心生，同样要从心底清除，好比要斩除毒树，必须从根部一起斩断，如果只是一枝一枝地砍伐、一叶一叶地摘除，有什么用处呢?

因此，最高明的改过方法就是从内心改正过错，当时就能使自己进入清净无染的境地。人有很多想法，但凡妄念一起，内心定会觉察，察觉之后便能够消解于无形。如果不能做到，就需要明白其中的道理，然后遣除妄念。如果连这个也做不到，那就要根据具体事情采用强制的手段来禁止自己犯错。发自内心地止恶，明白错误的道理，借助外部力量改正，三者并用固然好，但是如果只会采用低等的手段，而对高明的方式嗤之以鼻、不予理睬，那就愚不可及了。

袁黄还认为，发愿改过，明处需要良师益友的督促和提点，内里需要鬼神（可以理解为信仰）给予证明。一心忏悔，昼夜不停，七天、十四天，甚至一个月，两个月，三个月，持之以恒，必然会有成效。消除罪过的人都会有所征兆：或者精神愉快，心情旷达；或者聪明才智一下子被打开；或者面对复杂事物能够触类旁通；或者遇到冤家对头也会化怨恨为欢喜；或者梦见将肚中污秽之物全部吐出；或者梦见往圣先贤给予提携引导；或者梦到自己在太虚之境漫步；或者梦到神佛用的旌旗伞盖，以及种种庄严美好的事物。然而不能因此心生骄傲，画地为牢，从而阻断前进的道路。

（三）积善之方

作为《了凡四训》的第三篇，“积善之方”主要是通过一系列事例，向世人讲述积累善德的意义和方法，没有枯燥的说教，袁黄以讲故事的形式深入浅出、娓娓道来，旨在告诉世人善有善报，积累善行不仅能够让自己福报加持，还可以遗泽后世。

1.关于善报的故事

《易经》有言：“积善之家，必有余庆。”春秋时期，鲁国颜氏把女儿嫁给孔子的父亲叔梁纥，就是因为之前打听到叔梁纥的祖先积累了长久的福德，知道他的后世子孙中必然会有出人头地之人。孔子在称赞舜至孝时说：“舜将来一定会得到后世子孙宗庙中的祭祀，子孙后代也会长久地兴盛。”这些都是极为精辟的言论，他通过具体的人物故事加以证明。故事的主人公虽然都没有做过轰轰烈烈的大事业，但是因为一心向善，且拥有一颗赤诚之心，因此可以积累深厚阴德，子孙和家族均从中受益。

一是明初内阁首辅杨荣。

杨荣，福建建宁人，祖祖辈辈以摆渡为生。有一年，下了很长时间的雨，河水暴涨，洪水泛滥，民居被冲毁，有淹死的人顺着河流漂下。别家的船都在忙碌着打捞财物，只有杨荣的曾祖和祖父一心想着救人，对于财物分毫不取，同乡人都嘲笑他们愚笨。等到杨荣的父亲出生时，家境渐渐富裕。后来，杨荣出生，二十岁就中了进士，官至内阁首辅，位极人臣。朝廷还追封了他的曾祖、祖父、父亲以同样官职。杨荣的后代，子孙繁盛，身份显贵，在袁黄生活的年代仍然有很多贤能之人涌现。

二是宁波鄞州人杨自惩。

杨自惩，初为县里的小吏，宅心仁厚，遵守法纪，处事公平。当时的县令执法严厉，有次鞭打一名囚犯，血流满面，而县令仍然余怒未消。杨自惩跪着劝解，县令说：“这个人无法无天，伤天害理，怎么能不叫人愤怒！”杨自惩一边磕头一边回答：“曾子说：‘上失其道，民散久矣，如得其情，哀矜勿喜。’喜悦尚且不可以，何况发怒呢？”县令听了觉得很有道理，逐渐和颜悦色起来。

杨自惩虽然家里非常穷，但对别人的馈赠一无所取。囚犯食不果腹时还会想方设法周济。一天，有几名新来的犯人没有饭吃，当时杨自惩家里正好缺米，给犯人吃，家人就要挨饿，但是自家留着，看犯人挨饿又觉得着实可怜。他与妻子商量，妻子问："囚犯是从哪来的？"杨自惩说："从杭州来的，一路上没给饭吃，饿得一脸菜色。"于是他们就把米拿出来，煮成粥给囚犯吃。后来，杨家生了两个儿子，长子叫守陈，次子叫守址，官至南北吏部侍郎。长孙官至刑部侍郎，次孙官至四川廉访使，都是一代名臣。现在的楚亭、德政二公，就是他的后人。

三是正统年间布政司谢都事。

正统年间，邓茂七在福建带头造反，很多读书人和老百姓跟着他一起作乱。朝廷起用曾经做过都宪的鄞县人张楷到南方剿灭贼寇。张楷使用计谋成功擒拿了反贼。后来，张楷委派布政司谢都事搜查剿杀东路的贼党。谢公找到了反贼的名册，准备按照名单抓人，私底下给没有依附反贼的人赠送了白布做的小旗子，与他们约定，官军一到，就把小旗子插在大门上方，并严令士兵不可滥杀无辜，此举拯救了上万人的性命。之后，谢公的儿子谢迁中了状元，成了宰辅之臣；孙子谢丕，也考中了探花。

四是冯翰林琢庵之父。

冯琢庵的父亲在县里做庠生时，在一个寒冷冬天的大清早赶赴学堂，路上遇到一个人倒在雪地里，他用手拍那人，发现那人已经快冻僵了。于是他解下自己的皮衣给那人穿上，并把他扶回救醒。

五是常熟徐栻之父。

徐栻，号凤竹，家境富有。有一次灾荒，他的父亲带头免去农户的田租，又将自家的谷子赈济穷人，为县人做出了榜样。这一年，凤竹果然考中举人。他的父亲更加努力地积累德行，孜孜不倦，修桥铺路，施斋僧众，凡是有益于他人的事，都尽心去做。

六是嘉兴屠勋公。

屠勋，谥号康僖。起初任刑部主事，为了解狱情，他留宿狱中，详细询问囚犯获罪的缘由，发现若干人是被冤枉的。屠公没有把这当作自己的功劳，而是将之写入报告，秘密呈送给刑部尚书。朝廷会审时，尚书挑选报告中的一些内容审讯囚犯，囚犯没有一个人不服从判决。于是，十几人的冤屈得以昭雪。一时间，京师上下都称赞尚书执法严明。

屠公又禀告说："天子脚下尚且有这么多因冤枉而被关的百姓，天下这么大，民众这么多，被冤枉的百姓不应该是更多吗？应当每五年派一批减刑官到各地，核实案情并为蒙冤的百姓平反。"吏部尚书将此建议上奏了朝廷，获得了皇上的批准。当时屠公就是被派往各地的减刑官之一。

七是嘉善支立之父。

支立的父亲曾经在县衙的刑房当差。有一个无辜的囚犯因为受到牵连被判了重罪，支立的父亲很同情他，想为他寻条生路。犯人知道后对妻子说："支公有替我脱罪的好意，我很惭愧自家无以报答，明天你邀请他到乡下做客，好好服侍他。如果他能感念这份情意，我或许可以活命。"他的妻子哭着答应了。等支立的父亲来到囚犯家中，犯人的妻子亲自出来劝酒，并把丈夫的意思告诉他。支立的父亲断然拒绝，但还是尽力为这个人平反。囚犯出狱后，夫妻二人登门叩谢说："恩公这样品行高尚的人世间少有，您膝下无子，我们有一个女儿，愿意送给您做妾，为您延绵子嗣，这在情理上也是说得通的。"于是，支立的父亲礼仪齐备地迎娶了他们的女儿，这个女子后来生下了支立。支立年仅二十岁就科举中第，后来官至翰林孔目。支立生子支高，支高又生子支禄，他们都被举荐为学博。支禄生子大纶，考中了进士。

2.如何甄别善恶之行

以上提到的这七个故事，虽然事情各不相同，但都同归于善。若要进一步仔细讨论，则善有真有假，有端有曲，有阴有阳，有是有非，有偏有正，有半有满，有大有小，有难有易，应该深入辨析。做善事而不明白其中的道理，虽然自认为在修行，但可能是在造孽，枉费苦心，没有任何好处。

何谓真假？

以前有几个读书人拜访中峰和尚，问：佛教说善恶报应，丝毫不爽。现今有人行善而子孙凋零，有人为恶却家门兴盛。可见佛教所说因果是无稽之谈。

中峰回答说：凡尘的思想没有洗涤干净，正确的见解还不知道，把真善当作恶行，把恶行当作真善，这种人一直都有。怎么能不去怨恨自己是非颠倒，却反而责备上天报应出了差错呢？

众人问：善恶是怎么颠倒的呢？

中峰试着让他们自己说一说善恶。

一人说：骂人、打人是恶，尊敬人、礼遇人是善。

中峰说：未必如此。

一人说：贪图钱财并且以不正当的手段谋取是恶，奉公守法、廉洁自律是善。

中峰说：未必如此。

众人把各自认为的善恶标准说了一遍，中峰都说未必如此。于是大家向中峰和尚请教怎么分辨善恶。

中峰告诉众人，说：对别人有益，是善；只对自己有益，是恶。对别人有益，则打人、骂人都是善举；只对自己有好处，则尊敬人、礼遇人都是恶行。所以人们行善，有利于他人就是出自公心，出自公心就是真的善；只对自己有利就是出自私心，出自私心就是假善。发自内心的行善才是真善，刻意模仿的行善属于假善。不是为了个人目的而做出的善行是真善，为了某种不可告人的目的，有意为之的善行是假善。这些道理应该慢慢体味。

何谓端曲？

现在的人，见到忠厚老实之辈，就认为是好的，并且加以效仿。但是古代圣人却不是这样，他们喜欢豪放而有原则的人，那些看起来忠厚老实的人，虽然受到了地方人士的欢迎，但圣人却认为他们会败坏道德。这件事情表明，世人对于善恶的判断与圣人是相反的。由此可以推断，普通人对于善恶所作出的种种选择，没有不错谬的。

因此，普通人要想积德行善，不能依照自己所听、所见，随心所欲，而要从内心善恶未分、念头未动之处默默洗涤，从而使心变得纯净光明。纯粹抱着一颗救世济人之心，就是端正；有丝毫媚世趋俗的念头，就是邪曲。纯粹是对他的尊敬之心，就是端正；有丝毫愤世嫉俗的念头，就是邪曲。应当仔细辨别。

何谓阴阳？

凡是做善事被人知道的，就是阳善；做善事不为人知的，就是阴德。积攒了阴德的人，上天会报答他；公开做善事的人，会在世间享有好的声名。享有好的声名也是福报。不过，声名往往为造物主所猜忌，那些世间名声很大，但却徒有虚名、名不副实的人，多半会遭遇意想不到的灾祸。自身没有过错却无辜被恶名牵累的人，他的子孙往往会突然崛起。阴与阳之间的关系真是微妙啊！

何谓是非？

春秋时期，鲁国法律规定，鲁国人如果把俘虏到别国做奴隶的人赎回来，都可以获得官府的赏金。子贡赎回了奴隶却不接受官府的赏金。

孔子知道后很不高兴，对子贡说："这件事你做错了。圣人行事，可以移风易俗，也可以教化百姓，并非只是为了自得其乐。如今鲁国富人少而穷人多，如果接受官府的钱就是不廉洁的话，人们拿什么去赎人呢？自今以后，不会再有人从别国赎回鲁国人了。"有一次，子路救了一位落水之人，那人送他一头牛作为答谢，子路接受了。孔子很高兴地说："从此鲁国救助落水之人的人就多起来了。"

用世俗的眼光来看，子贡不接受官府的钱是正确的，子路要人家的牛是错误的。但孔子却赞许子路而斥责子贡。由此可知，人们对于善恶的是非判断，不仅要在意当时的表现，更要顾及传播后的影响；不要注重一时的成效，要考虑长远的得失；不要计较个人的利害，而要考虑是否能让天下人受益。如果当下做的事情是好事，但推而广之，却会危害天下人的利益，那么这件事情看似是好事却不是好事。反之，当下做的事情看着不是什么好事，但是推而广之，却能够帮助天下之人，那么这件看似不好的事情却是真正的好事。当然，这只是就一件事而展开的议论罢了。其他的如看似没有价值却非常有意义，看似不诚信却实则诚信，看似不慈爱却大慈大悲的举动，都需要辨别清楚。

何谓偏正？

当年吕原从内阁辞职，返回家乡时，天下的人都非常仰慕他，尊敬他如泰山北斗一般。有一个乡下人，喝醉了酒对他大声谩骂。吕公不动声色地对仆人说："不要与喝醉之人计较。"然后关上大门，不去搭理他了。第二年，这个人犯了死罪被关进监狱。吕公才开始后悔，说："假若我当初做些计较，把他送到官府责罚，就可以让他遭受小的惩戒，而不至于犯更大的错误。我当时自以为宅心仁厚，但实际上却助长了他的恶习，使他沦落到今天这个地步。"这就是以好心而做恶事的例子。

也有恶心而做好事的例子。如某户人家很有钱，赶上饥荒年月，穷人光天化日之下就敢明目张胆地抢夺市面上的小米。有钱人家一纸诉状告到县衙，官府的人不予理睬，穷人更加肆无忌惮，于是这户人家就擅自把抢夺小米的人关起来羞辱，饥民这才安定下来，如此避免了闹出大乱子。因此，虽然做好事是正，做坏事是偏，这是天下人所共知的，但是抱着一颗善心而做了坏事的人，是正中带偏；抱着恶心却做了善事的人，是偏中带正。这些道理不可不知。

何谓半满？

《易经》上说："善不积，不足以成名；恶不积，不足以灭身。"《尚书》里讲："商罪满盈，如贮物于器。"这就好比把东西装在容器中，勤于积累善行，就会把容器装满；懈怠不当回事，容器就不会装满。这就是关于半善和满善的一种说法。

从前，有户人家的女儿到寺庙里烧香，想要布施却没有钱，就将身上仅有的两文钱都捐给庙里，寺庙的住持亲自为她祈福。后来，这个女子进了皇宫，享受大富大贵，带了几千两银子到寺里布施，住持却只叫他的徒弟代为回向。女子不解，问道："我之前只是捐了两文钱，师父您亲自为我祈福，现在布施几千两银子，您却让他人代劳，为什么呢？"住持回答："此前你布施的钱不多，但是心却是真诚的，如果不是我亲自为你祈福，就不足以报答你的恩德。现在你布施的钱虽然很多，但是施舍的心却不如之前真切了，所以叫别人代为回向就足够了。"这就是布施千金为半而两文为满的道理。

还有就是做善事而内心却不执着于行善，那么随便做什么善事，都是满善；反之，内心执着于行善，虽则一生勤勉为善，但终究只能止步于半善。譬如用钱财帮助别人，内心不认为这是行善，对外不起希冀报答之心，也不在意给予了别人什么财物，这就是佛教所讲的"三轮体空"，也叫"一心清净"。这样的布施，即使只有一颗粟也可以种下无边无际的福报，一文钱就能消灭数以千计的罪孽。倘若心中不能忘却自己所做的善事，即使布施万两黄金，福报也不能圆满。这又是一种半善、满善的说法。

何谓难易?

儒家圣贤说约束自己必须从难以约束的地方开始做起。孔子谈到“仁”的时候，也说要先从难的地方入手。一定要像江西的舒老先生那样，捐出自己两年得到的俸银，帮助他人偿还官府的钱，从而保全人家夫妻免于离散。还要像邯郸的张老先生那样，舍去自己十年的积蓄，替他人缴纳赎罪的银两，从而救活人家的老婆孩子。这些都是将难以割舍的东西施舍别人的例子。再比如镇江的靳老先生，虽然年纪老迈，膝下无子，但是不忍心纳幼女为自己做妾，将她又送还邻居。这也是在难以克制自己的情况下克制住了自己啊！所以上天降临给他们的福泽也一定很深厚。

凡是有钱有势的人，他们行善积德都比较容易，容易还不肯做，那就是自暴自弃了。贫穷低贱的人要想修得福气是非常困难的，即使困难也努力去做，这才可贵啊!

3.为善的具体分类

顺其自然的行善助人，方式有很多，简单总结一下，大致可以分为九类：第一，与人为善；第二，爱敬存心；第三，成人之美；第四，劝人为善；第五，救人危急；第六，兴建大利；第七，舍财作福；第八，敬重尊长；第九，爱惜物命。

何谓与人为善?

从前舜帝在雷泽看到潭水深、游鱼多的地方都被年轻力壮的捕鱼者占据了，而年老体弱的人只能在急流浅滩处捕鱼，不由心生哀悯，于是他亲自参与其中。见到争抢好位置的人，他当作没看到一样，避而不谈其过错；见到懂得礼让的人，对其大加表扬并号召大家向他学习。一年之后，深潭鱼多的地方被大家互相礼让。像舜帝这样聪明而有明智的人，难道不能说句话来教导大家吗？他不用嘴巴说教，而选择身体力行、以身作则的方式来转变人们的思想，这是用心良苦啊！

我们身处这个社会，切莫用自己的长处去压制别人，也不要用自己的善行同别人比较，更不要因为自己才学过人而将别人陷于难堪的境地，要收敛自己的才智，仿若自己什么都没有一样。看到别人犯了错，姑且保持宽容并帮他掩盖过去。一方面给予别人改过的余地，另一方面也使他有所顾忌而不敢肆无忌惮。见到别人有一丁点儿的长处都要去汲取，有一点儿的善行都要去记住，一定要舍去自己的缺点，虚心向别人学习，并且要大家称赞并将之传扬出去。在日常生活中，每说一句话，每做一件事，都不要只为自己的利益考虑，而是要为社会树立榜样和准则，这就是圣贤君子“天下为公”的气度。

何谓爱敬存心？

君子和小人，从表面来看常常容易混淆，唯一的区别就是心中存在的先天道德本性，在这方面善与恶之间有着悬殊的差别，仿佛黑色和白色一样截然相反。所以孟子才说，君子之所以与常人不同，是因为心中的道德本性不同。君子的心中，都是对别人的尊敬和友爱。人与人之间有亲疏远近之分，人自身也有聪明和愚笨、贤良和不肖的差别，虽然各不相同、良莠不齐，但这些人都是我的同胞，和我同源而生，有谁不应该被尊敬和友爱呢？爱敬众人，就是爱敬圣贤。能够明白普通人的志向，也就能明白圣贤的心愿。为何这样说呢？圣贤的心愿，本来就是想让这个世界上的人都能各得其所。如果我们能够爱尊众人，就可以使众人安定生活，那么就是替圣贤安定世间了。

何谓成人之美？

美玉混杂在乱石当中，如果丢弃它，那么它就是瓦砾；如果把它雕琢打磨，那么它就变成了圭璋一类的贵重礼器。因此，但凡见到某人做善事，或是某人的志向有可取之处，且资质有待提升，都要扶植引导他们，使其获得成就。称赞奖励也好，帮助扶植也罢，甚或是替他辩白冤屈、减少毁谤，务必使他们能够立足才可以停止。

大体来说，人们都厌恶跟自己不一样的人。在一个乡里，做善事的人少，为非作歹的人多，在这种社会中，善人很难立足，更何况那些铮铮铁骨的豪侠之士，因为不掩饰自己的外表和行为，很容易遭到世人的批评指摘，所以做善事经常容易失败，而且做善事的人经常会遭人毁谤。只有靠仁人长者提携和辅佐，他们才能取得宏大的功德。

何谓劝人为善？

生而为人，谁没有良心呢？在这世间庸庸碌碌，苟且生活，最容易沉沦堕落，丧失自我。凡是与人相处，应当在方便的时候提醒对方，解除他的困惑。就像将沉睡在长夜大梦中的人叫醒，或者将长久陷于苦闷烦恼中的人解救出来，使之内心清净，这是最大的恩惠。

韩愈说：“一时劝人以口，百世劝人以书。”劝人为善和与人为善比较，虽然形迹外露，但是对症下药，经常会有神奇的效果，因此不可废除。如果发生了不该说却说了，或者该说却没说这样失言失人的事情，就要反思自己的智慧了。

何谓救人危急？

因为遭受灾难而颠沛流离，这是人经常碰到的事。偶尔遇到遭遇不幸的人，应该像自己身患病痛一样，马上去帮助他们。或是仗义执言，为其申明冤屈；或是多方救济使其摆脱困顿不堪的境地。崔子说：“惠不在大，赴人之急可也。”能够在别人危困之时施以援手，这才是仁人君子啊！

何谓兴建大利？

小如一乡之内，大如一县之中，凡是对大家有利的工程，都应该兴建。或是疏浚水渠，沟通河道；或是修筑堤坝，防御水患；或者铺设桥梁，方便行旅；或者施舍茶饭，济人饥渴。遇到合适的机会就劝导民众同心协力地兴修工程，不要惧怕被人猜疑，也不要因为辛苦而抱怨。

何谓舍财作福？

佛门有成千上万种善行，而布施排在最前面。所谓布施，不过就是一个“舍”字而已。心境通达的人，内舍六根，外舍六尘，所有的一切都可以舍弃。如果做不到，就要先从财物上布施。世上很多人将穿衣吃饭视作生存之本，所以对钱财最为看重。如果将财物都舍弃了，不但对内可以破除悭吝，对外还可以救人以急。开始做的时候还会有些许勉强，但是后来便能处之泰然了。因此布施最能洗掉人的私心，去除我们执着的贪吝。

何谓敬重尊长？

家里的父母兄弟，国家的君主长官，以及其他凡是年龄、道德、地位、见识比我高的人，都应该格外地敬重。在家侍奉父母要满怀爱心，面色恭敬，温和柔顺，神态谦卑，养成习惯，这就是以和气感通上天的办法。在朝廷中侍奉君王，做任何事情，都不要因为君主不知道而自我放纵；刑讯任何人，也不要因为君主不知道而作威作福。侍奉君主就像对待上天那样，这是古人的至理名言，这与阴德关联最为密切。看看那些忠孝家庭，子孙后代没有不绵延不绝、兴旺发达的，因此一定要谨慎对待。

何谓爱惜物命？

人之所以为人，就是因为有同情心罢了。追求仁慈的人追求的是它，积累德行的人累积的也是它。《周礼》说：“孟春之月，牺牲毋用牝。”孟子说：“君子远庖厨”。早春祭祀不用母牲口，让君子远离厨房，都是为了保全同情心。所以，前人有“四不食”的戒律：听到宰杀的声音不吃，看到屠宰的场面不吃，自己喂养的不吃，专门为己宰杀的也不吃。有学识的人若不能断绝吃肉，至少应该谨记这四条戒律。循序渐进地进行，同情之心也会不断增长，不仅应当戒除杀生，而且要认识到即便是小虫子也是有灵性的生命。煮茧取丝，锄地杀虫，考虑到衣食来源的问题，都是杀害别的生命来养活我们，所以糟蹋粮食、铺张浪费的罪孽应该是和杀生相等的。至于手所误伤、脚所误踩的小生命更是不胜枚举，这些都应该小心防范。古诗说“爱鼠常留饭，怜蛾不点灯”，这是多么仁慈啊！

善行的类别无穷，不能一一尽数。由这九件事推演开去，那么所有的功德都圆满了。

（四）谦德之效

众多善德中，袁黄以为谦德最为重要，就好像大地可以生发万物，具备了谦德的品质，人的其他素养也会相应提升。在该篇中，他举了5个有关谦德的事例，意在启发儿子，要想取得功名，才学固然不可少，但一颗谦德之心才是成功的关键。

《易经》说：“天道亏盈而益谦，地道变盈而流谦，人道恶盈而好谦。”就是说，天道运行的规律是盈满就会亏损，不满就会增加；地道运行的法则是盈满就会溢出，然后流向低洼不足之处；人的本性是厌恶骄傲自满之人，喜欢谦虚有德之人。因此《易经》在“谦”这卦中，六爻[①]都是吉利的。《尚书》也说：“满招损，谦受益。”袁黄曾经多次参加科举考试，遇到过很多应试的寒门学子，他发现这些人在发达之前，脸上都

① 爻，《易经》八卦中的符号，有阴、阳两个。六爻预测是古人观察大自然运行规律总结出的一项法则。最早预测人将三枚铜钱置于手中，双手紧扣，将所测信息用心念融入铜钱之中，合掌摇晃后掷入卦盘，六次成卦，是民间流传最广的预测方法之一。

会流露出谦和可掬的神采。

丁宾[①]：辛未年（1571），袁黄与嘉善同乡十人一起入京会试，同行之人中丁宾年纪最小，但是为人却极为谦逊，袁黄断定他定会高中。另一同行人费锦坡好奇询问原因。袁黄说："只有谦德之人才能享受福报。你看我们这些人中，哪一个人能像他一样忠厚诚实，做事不抢在别人前面呢？哪一个人能像他一样恭敬顺承、谦卑谨慎呢？又有哪一个人能像他一样遭受侮辱后不言一语，遇到毁谤也不辩白呢？人能够这样，即使是天地鬼神也会庇佑他的，怎么可能不发达呢？"等到发榜，丁宾果然高中。

冯开之：丁丑年（1577），在京师，袁黄与冯开之同住。见他虚怀若谷，神情庄重，与幼年之时大不相同。李霁岩是位率直诚实的益友，时常当面指出他的不足，冯开之每次都能心平气和地接受，并且不反驳一句。于是，袁黄说：福报都有其根源，祸患都有其征兆，你这么谦逊，上天一定会帮助你的。那年冯开之果然中了进士。

赵裕峰：字光远，山东冠县人。不满二十岁就考中举人，但此后会试接连不中。他父亲在嘉善衙门做文书工作，光远就跟着父亲一起赴任。他仰慕钱明吾的才华，拿着自己写的文章前去拜访。没有想到钱明吾竟然把他的文章都涂掉了，光远不但不生气，还心悦诚服地马上修改。第二年，光远就登第了。

夏建所：壬辰年（1592），袁黄入京朝见皇帝，正好与夏建所先生会面，见他神色谦和、态度诚恳。袁黄回来就对朋友说，如果上天要让一个

---

① 丁宾，嘉善人，字敬宇，又字礼原，号改亭，隆庆五年（1571）进士。任句容知县，后任御史。万历十九年（1591）起复故官，迁南京右佥都御史兼提督操江、南京工部尚书，后累加至太子太保（正一品）。卒谥清惠。有《丁清惠公遗集》八卷传世。

人发达，那么一定先启发他的智慧。智慧一旦被启发，那么轻浮之人就会变得稳重，放肆之人就会知道谦逊和收敛，这样福报自然就会降临了。夏建所温和谦逊的样子，正是上天启发了他的智慧啊！那年会试结果公布，夏建所高中。

张畏岩：江阴人，学识渊博，善于为文，在读书人中颇有声望。甲午年（1594）参加南京乡试时，他曾借住在一座寺庙中。考试结果出来的时候，见自己榜上无名，张畏岩大骂考官有眼无珠，不识英才。这时有个道人在他旁边一直轻笑，张畏岩的怒火突然就转移到了这位道人身上。

道人说："相公的文章写得必定不好。"

张畏岩更加愤怒，说："你没见过我的文章，怎么就知道写得不好？"

道人说："我听说写文章贵在心平气和，现在听您破口大骂，可见心中相当愤愤不平，在这种心境下，文章怎么会写好呢？"

张畏岩理屈词穷，便向道人请教。道人说："考试中与不中都是命中注定的。命里不该考中，文章写得再好也没用，因此要自己改变才行。"

张畏岩问："既然是命中注定，自己又怎能改变呢？"

道人说："虽然命运是上天注定的，但改变命运却全在于自己。努力做善事，多积累阴德，什么福报求不到呢？"

张畏岩说："我是个穷书生，能做什么呢？"

道士说："行善事积阴德，都是发自于内心，只要以善为念，常记心上，就会功德无量了。况且做人谦虚谨慎，并不需要花费金钱。你为什么不自我反省，反而詈骂考官呢？"

张畏岩从此放下身段，克制自己，每天努力行善，德行日益深厚。丁酉年（1597）科考，他梦见自己身处一座高房大屋中，里面有一份名单，上面缺了很多行。他不解地询问身边的人。那人回答："这是今年的录取名单。”张畏岩追问：“为什么缺这么多人名呢？”那人说：“阴间每三年都要对应试学子考核一次，只有积德行善、身无过错的才能榜上有名。名单上空白的位置都是那些应该中试，但因近来德行有亏而被除名的人留出来的。”然后他指着其中一行说：“你这三年颇为谨言慎行，或许能够填补此处的缺额，希望你能洁身自爱。”后来张畏岩果然考中这科举人，排第105名。

袁黄希望通过以上这几个人的经历告诉人们，举头三尺有神明，趋吉避凶完全掌握在自己手里。只有心存善念，自我约束，虚心谦逊，谨言慎行，才能获得天地鬼神的庇佑，从而享受福报。那些盛气凌人、趾高气扬的人，注定不能成就一番大业，即使一朝发达，也无福消受。稍微有点见识的人都不会忍受因为气量狭小而将福泽拒之门外。更何况谦虚能使人获得接受教诲的机会，从而让自己受益无穷。

老话说：有志于功名者，必得功名；有志于富贵者，必得富贵。人有了志向，就好像树木有了根基，志向树立后，要坚定信念，时时不忘保持谦逊，处处不忘与人方便。这样自然能够感动天地，让福泽降临到我们身上，因此说造福全在自己。许多追求科举功名的人，最开始时并没有真正立下志向，只不过一时兴起罢了。兴致来了就去追求，兴致消了就意兴阑珊，止步不前。孟子曾经对齐宣王说：“王之好乐甚，齐其庶几乎。”无论将这句话理解为齐王爱好音乐，把它推广到民间，与民同乐，齐王就会受到百姓的拥护和爱戴，齐国自然会兴旺强大，还是理解为如果齐王树立以礼乐治国的理念，并且坚定不移地推行，那么齐国必然可以实现大治，总之都是：只要齐王树立了远大的志向，并且严格地执行，就会取得好的效果。治理国家如此，学子求取功名亦应如此。

三、功过格及其意义

所谓“格”，有“格样，法则”，“式也，度也，量也”之意。“功过格”是古代崇奉礼教或宗教戒律之人将自己所行功过，逐日登记造册，并根据数量进行增减，将抽象的善、恶具体量化，作为考验功过、权衡鬼神降于祸福的标准，以期最大程度地契合修持者的道德实践需求。就其性质来说，属于我国民间善书的一种，不过它的重点并非是对传统伦理道德的大原则进行说教，而是将伦理道德细化、量化，全面而具体地指导人们的道德实践，以提供更为准确的道德评判。

功过格的历史至少可以追溯到汉代道教典籍《太平经》中。《太平经》认为，人修行的最终目的是进入“不死之籍”，就是可以长生不灭，能“行天上之事”，成为潇洒自在的神仙。而进入“不死之籍”的途径就是去恶从善。为此，《太平经》制定了一套自我监督的修持方法，其中就有“天券”。所谓“天券”，就是将所行善、恶均记录在册，方便自我检查评价行为得失，从而指导人们“易心为善”“一心向善”。“天券”是道教最早的功过格。南宋以后，功过格开始突破道教畛域，为儒家、佛教所接受和倡导。如南宋以后，儒学家用于修身自醒的“日谱”“日录”就带有功过格的性质；明代四大高僧之一袾宏在所著《自知录》中首次开启佛教功过格的肇端。于是，在道、儒、佛三家的合力推动下，功过格开始盛行民间，广泛进入百姓生活。

（一）袁黄功过格的切身经历

袁黄接受功过格是受云谷禅师的启示。

己巳年（1569）袁黄赴栖霞山拜访云谷禅师。在一番劝诫启发之后，云谷禅师出示了功过格，并嘱咐他每日要将所做之事登录其上：做善事增加数字，做错事抵消减去。

袁黄对于云谷禅师的教诲深为信服，并一一躬行。当时在栖霞山，袁黄将以往种种过错全部在佛前坦露，并在祝告文中求取功名，发誓做三千善事，以报答天地祖宗的恩德。

此后，袁黄深感自己明白了安身立命的道理，每天小心谨慎，如履薄冰，对天地鬼神充满敬畏，每做一件事，无论善恶，都用笔详细记录。第二年（1570），袁黄参加礼部的考试，取得第一名的好成绩，当年秋闱，他又考中举人。

他的第一个愿望圆满实现，不过三千件善事完成却历经十年才结束。当时，他正跟随李渐庵入关，因此直到庚辰年（1580）返回家乡后，袁黄才请性空、慧空等高僧在东塔禅堂为其做回向。此时，袁黄又发起了求子的心愿，同样许诺行三千件善事。

辛巳年（1581），袁黄的妻子生下了儿子天启。袁黄更加积极地投入到行善事、做记录中去。他的妻子也参与其中，因为不会写字，她每做一件事，就用鹅毛管在日历上印一个红圈。或是向贫穷的人施舍食物，或是买动物放生，有时一天做的善事竟多达十余件。

仅仅三年时间，也就是癸未年（1583）八月，袁黄承诺的三千件善事再次完成。他高兴地邀请性空等僧人在家中庭院做回向。次月，袁黄发起考中进士的第三个心愿。这次他一下子就许诺行一万件善事。丙戌年（1586），袁黄进士及第，随后被任命为宝坻知县。

为了表示郑重，袁黄特地准备了一册空格本，取名“治心篇”。早晨在公堂处理案件时，家里的佣人就带过来交给县衙看门的人。平时所做的善事恶事，不论大小，都详细记录在上面。夜晚就在庭院里摆上桌子，仿效宋代“铁面御史”赵悦道焚香向天神报告白天做的事。他的妻子见他整日忙于庶务，所行善事不多，就常常皱着眉头说：“以前在嘉善，我还能帮着多做些善事，因此三千件善事得以完成。如今您许诺了一万件，我又深处官府内宅，无事可做，什么时候才能够得以圆满呢？”

就在全家人都在为做善事发愁的时候，袁黄夜里梦到一位神仙对他说：“单算减税粮一件事，一万件善事就全部完成了。”原来宝坻县每亩田税为银二分三厘七毫，袁黄上任后，经过调停，税银减少到每亩一分四厘六毫，宝坻百姓深受其惠。想到这个梦，袁黄心里既惊喜，又有些怀疑。

此时恰好幻余禅师从五台山来到宝坻，袁黄将这个梦如实告诉了他，并且询问减税是否真能与一万件善事相抵。幻余禅师说：“只要为善之心真诚恳切，那么做一件善事就可抵一万件善事，何况为全县减少税粮这样造福上万百姓的事情呢？”

禅师既然如此说，那么一万件善事算是完成了。袁黄当即捐出俸禄，请他在五台山为一万僧侣提供斋饭，并为他做功德回向。

（二）功过格的内容和特点

功过格在我国古代特别是明清时期广为流行。奉行者们希冀通过逐日登记、数字量化的形式每天自我反省，持之以恒，以达到自查自醒、提升自我、改变命运的目的。袁黄虽不是功过格的首创者，但是作为倡导者和身体力行者，对功过格的民间推广起到了不可忽视的作用。

1.袁黄功过格的内容

袁黄的“功过条款”附录在《了凡四训》之后，延续了云谷禅师功过格体系，在具体内容方面又汲取了儒学特别是理学思想的不少观点，因此他的功过格被后世研究者称为“佛教、道教相关体系的‘儒教化’的版

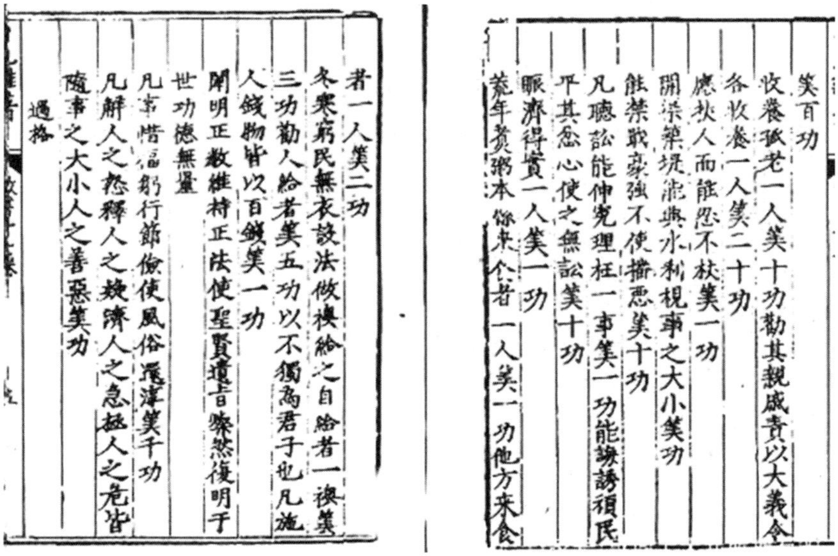
準百功
收養孤老一人準十功勸其親戚責以大義令
各收養一人準二十功
應抉人而能忍不抉準一功
開渠築堤濬興水利視事之大小準功
能禁戢豪強不使播惡準十功
凡聽訟能伸冤理枉一事準一功能諫諍頑民
平其忿心使之無訟準十功
賑濟得實一人準一功
荒年煮粥本邑來食者一人準一功他方來食
者一人準二功
冬寒窮民無衣設法做襖給之自給者一襖準
三功勸人給者準五功以不獨為君子也凡施
人錢物皆以百錢準一功
闡明正教維持正法使聖賢遺旨燦然復明于
世功德無量
凡事惜福躬行節儉使風俗淳厚準千功
凡解人之忿釋人之疑濟人之急救人之危皆
隨事之大小人之善惡準功
過格

《了凡四训·功过格款》部分页面

本”[①]。

云谷禅师的功过格就条款来说，内容更为详尽。如云谷禅师《功过格》[②]有：

> 百钱一功，谓千金以上者。若贫士五十钱亦可作一功，极贫士一二十钱亦可作一功。
>
> 百钱一过，谓贫士如此，如富者五十钱亦可作一过，尤富者一二十钱亦作一过。

这种条款，将修持者为善、为恶的判定标准与其身家赀财紧密联系在一起，家产不同，则功、过标准不一样。虽则看似合理，但操作却不容易，比如贫士和极贫士就极难区分，不同个体的评判标准显然不一。因此，袁黄的“功过条款”对之做了改进，更加简单明了，目的明确，操作

① 陈延斌：《论袁黄的家训教化与功过格修养法》，《武陵学刊》2016年第5期。

② 《文昌帝君功过格》，清雍正二年（1724）。

性强。如将功、过根据大小进行分类，每类抵相应的件数。如“准百功”条中，具体陈列了“救免一人死”“完一妇人节”“阻人不溺一子”“阻人不堕一胎”等条款，不论身家赀财，一视同仁，一功均可抵百功。

此外，《功过格款》在“功格”50条、“过格”50条中，除了记录不同善事对应的功、过条款，还有用钱抵功、过的内容。如：

百钱准一功（散钱积计粟帛之属准此）：

〇修创道路桥渡

〇疏河

〇掘济众井

〇修置圣像坛宇及供养等物

〇还遗（百钱以下亦准）

〇饶负

又如：

百钱抵一过：

〇暴殄天物

〇毁坏人成功

〇背众受利

〇侈用他钱

〇负贷

〇匿遗（百钱以下亦准）

〇因公恃势乞索

〇巧作取人钱资具方法一切事

“功过格款”后面还有具体操作方法的说明，大致就是说修持者要每夜自省，对照功过格进行记录和总结，类似于每日打卡，具体标明“功格”和“过格”的数量。月底小结，通过折算对比的量化数字，明了自己近期的功过是非。此外，每年还要有一次大的年终总结，功过相抵，稽查本年度的德性操守状况，累积之功或过，转入下年，以期勤修不已。

此外，为了规劝官员积功避过，为自己和家人累积福报，当然也是自警，袁黄还创立了《当官功过格》。他将官员的功过大小进行量化，根据职责分为“吏、户、礼、兵、刑、工”六类，共计列有“功格”58条、“过格”42条。如“申请蠲免，使地方得受实惠，算三千功”，“加派增粮，算千过”，“听讼能申冤理枉，一事算一功；能诲诱顽民，平其忿心，使之无讼，算十功”。希望官员可以通过每日的自省，及时调整施政方向，改过向善，一心为公，成为有作为的一代良吏。清代名臣陈弘谋对袁黄的《当官功过格》给予了高度评价，他说：将功过格应用到政事中，对于政府应兴应革之事条分缕析，“即其得失之轻重，以定功过之多寡”，使官员深知“无刻不在功过之中”，有助于督促官员为政勤勉谨慎。

2.袁黄功过格的特点

袁黄对功过格非常重视，他认为功过格可以激励人们去恶从善，帮助人们认清自己的错误，并且努力改过自新。人一天不知道错误，就会一天自以为是；一天不改正错误，就会一天没有进步。天下聪颖杰出的人才很多，德行之所以没有进步，事业之所以没能更加广大，都是因循守旧、不知进取导致的。因此，功过格不仅影响人的道德品质，也直接关系到人的事业成就。

袁黄的功过格将劝人为善与自修紧密地结合起来。在袁黄的功过格推广之前，劝善与自修之间存在一条难以逾越的鸿沟。劝善往往流于说教和行事，而对于人内心的净化和自省则关注相对较少。袁黄将儒家君子不欺暗室的道德修养与为善去恶结合在一起，不再拘泥于一般的劝人为善的善书和乡规村约等形式，不仅注重个人公共场所中的言行举止，也极为关注人们在私密环境下的所思所想，也就是说，不再是简单地劝人为善，而是更加强调人的自觉性和主动性，成为人们自我修行和改过向善的工具。袁黄的功过格将道德层面的为善去恶融入到人们的日常。全然做到不欺暗室的人似乎只有圣人，对每一个平常的人，袁黄的功过格具有私密性、个体性的特点，仿佛是人们克己改过、自我警醒的修身日记，而且将人们难以判定的道德修养用“量化”的形式直观表达，更加容易让普罗大众接受和实施。

袁黄的《了凡四训》是融汇禅学、理学和道学的一部劝善佳作，它强调改过向善要从治心入手，提升自我修养；强调人的命运不由天定，只有自己才是命运主宰的思想，对于后世道德和伦理思想的变迁均有着积极意义。他所倡导的功过格也是通过自省的方式，“隐恶扬善”“迁善改过”，通过道德自律的方式规范自己的行为，引导人内观自身，自我完善，如果能够持之以恒，对于习惯和道德的养成大有裨益，这也是其为社会大众接受，并且流行数百年的重要原因。

袁黄出身于文化世家，素以“上报朝廷、下酬知己”为平生之志，是个极有风骨的江南名士。他学识渊博，涉猎广泛，在农业、教育、军事、历法、养生等方面均有很深的造诣，尤其是他的善学思想，承前启后，融会贯通，劝人积善改过，强调从治心入手，自我修行，改变命运，对于后世善学思想的传播以及民间慈善事业的发展影响深远。

一、袁黄与明清善学思想的流行

袁黄生活于社会变动剧烈的晚明，王朝已呈阽危之势，道德体系紊乱，社会问题频发，在这样的背景下，作为封建士绅的一员，他严格自律，率先垂范，希望通过劝善来缓和社会矛盾，重建社会秩序，维持社会稳定。袁黄是我国第一部具名善书《了凡四训》的作者，同时也是“功过格”的提倡者和身体力行者，因为“功过格”对善恶奖惩做了清晰的量化评估，简单易行，因而成为广大民众去恶求善、自我修行的范本，袁黄也因为他在善学方面的伟大贡献，被誉为明清时期最著名的思想家之一。

（一）袁黄善学思想能够流行的原因

17世纪，在儒家士人与宗教人士共同推动下，“欲借助世俗理论以推动‘善与人同’的社会道德实践进而重整社会秩序”的善学思想在社会中已经蔚然成风，一系列善书纷纷问世，其中以《了凡四训》影响最大，受众最广。分析其原因，大致可归结为以下四个：

1.儒教为本的善学理念

袁黄的知识体系可以用庞杂来概括，虽然融合三教，但是根本不离儒学。如《了凡四训》中专门有“谦德之效”一章来阐释《尚书》中“满招损，谦受益”的道理，并且该书还用《孟子》里的名句“王之好乐甚，则齐国其庶几乎”来结尾。儒家思想是中国古代两千多年的封建社会占统治地位的正统思想，也是古代社会意识形态的主流，对于中华民族文化和社会的发展起到了重要的引导作用，《了凡四训》以此立身，加之佛教、道教思想的融入，更容易为社会各个阶层所接受。此外，袁黄也极为重视家庭伦理对人思想的影响。朱元璋《教民榜文》中有六句话：“孝顺父母，尊敬长上，和睦乡里，教训子孙，各安生理，毋作非为。”这作为“圣谕”在民间广泛传播，而袁黄的《了凡四训》与之一脉相承，始终将家庭伦理作为劝善的首要任务，处处以伦常纲纪来表达自己的为善思想。如他在《训儿俗说》中有“敦伦”一章，认为“五伦”，即所谓君臣、父子、兄弟、夫妇、朋友五种人伦关系是天下古今公认的准则，而夫妇关系是五伦之首。袁黄说：

> 有夫妇然后有父子，爱敬父母，正是童子急务。……今当以父母为严君，养吾真敬，使慢易之私不形；求父母之顺豫，养吾真爱，使乐易之容可掬。常敬常爱，即是礼乐不斯须去身，即是致中和之实际。以此事君，则为忠臣；以此事长，则为悌弟。

意思是，只有恪守夫妇之礼，然后才能有父子之伦，以此推而广之，兄弟、朋友、君臣才能实现。而且他本人也以身示范。他罢官归家后，因为亲戚不多，且居住不远，即着手联络亲谊，逢年过节都要拜访族人，春节、元宵节、清明节、端午节、天贶节、七夕节、中秋节、重阳节以及寒衣节和冬至无一例外，离得远的亲戚也经常派人邀请他们前来聚会。不只是为了大家聚在一起吃肉喝酒，欢乐一场，而是在觥筹交错之间，可以宣善规过、加深感情，亲族之间不会因为久不联系，情意不通，关系疏远。这样劝善和睦族融合为一体，很容易为大家接受，也很能深入人心。

2.我命由己的为善信念

《了凡四训》通篇表达了我命由我不由天，命由己造、福由己求的理念。人生在世，总是有诸多不如意，把所有的问题推到命上，人就很容易随波逐流、消极怠惰，但是相信命运由自己掌握，人的状态就会有所不同。袁黄正是看到了这一点。他从自身讲起，以自己的经历来让大家相信只要至诚至切地改过自新、多行善事，终能迎来好的命运。

在《了凡四训》中，袁黄说他自己按照命数的推定：会试晋级为贡士后进入仕途，为政生涯止步于三年半的四川某地知县；“五十三岁八月十四日丑时，当终于正寝，惜无子”[①]。但是通过改过行善，他后来官至四品，为官近十年；五十三岁时无灾无病，最终活了七十四岁，人生七十古来稀，这在古代是高寿；而且还有了儿子，儿子长大后也享受了福报，进士及第，成为广东某县的县令，造福一方。这一系列改变，可谓求福得福，求子得子，求功名得功名，而他将这一切都归作自己改过行善的结果。

袁黄的这一系列以身示范的说教，切中肯綮，准确抓住了时人关注的科举、子嗣、寿命三个问题。以科举来说，这是一个广受社会各阶层人士关注的问题，是士子从政为官、改变命运的正途，不仅对个人影响重大，对于所在家族也是意义深远。科举如独木桥，虽然最终通过的人凤毛麟角，但是跃跃欲试的人却数量庞大。因此，虽然通过概率不大，但在

① 胡国浩注译：《了凡四训》，长沙：岳麓书社，2018年，第6页。

实际社会生活中，人们对之总是抱有极大的热情和向往，科举考试成为许多人日常生活的核心，也正因为如此，明清以士绅为中心的社会结构和以功名为中心的社会价值才能够坚如磐石。再以子嗣来说，人们深受“不孝有三，无后为大”思想的影响，繁衍生育已经被上升为社会伦理问题。《孝经·圣治章》有“父母生之，续莫大焉”的说法，可见在古代人的观念里，子嗣是关系到家族发展和存亡的头等大事。袁黄门人韩初命在《刻祈嗣真诠引》中进一步说：“子嗣于人生系至重矣，曷论王公韦布、贫贱富贵之殊？”袁黄向人们积极宣扬，一个人积善就可以得子。他说：“爱者生之本，忍则自绝其本矣。君子宁过于爱，毋过于忍。”生命于每个人而言都异常珍贵，每个时代的人对于生命的问题都倍加关注，明清时期的人们亦是如此。他们或者笃信宗教，或者寻医问药，或者通过别的方式来寻求长生不老抑或延年益寿的方法。袁黄虽然没有直接向神灵发起延年益寿的心愿，但是他认为自己通过行善改过的亲身经历，使得自己摆脱了寿岁53的宿命。以科举、子嗣、寿命为劝善话题，很容易获得人们的认同，而且他用亲身经历告诉大家，只要一心向善、积德免恶，这些都是能够实现的，更增加了劝善的说服力，给大家以希望，使得大家群起效仿。

3.令人信服的引证举例

从表述方法上来说，袁黄非常有技巧。他在书中引用了许多人们耳熟能详的名人典故和元典圣训，这些思想和内容原本已经深入人心，将其融入无疑增加了劝善言论的正统性和可信度。为了获得更多人的认同，袁黄本人作为善学的推动者和受益者同时出现，他的身体力行、现身说法，以及由之产生的真情实感，让人备感亲切之余，也更容易打动人、说服人。不仅如此，袁黄在《了凡四训》中还列举了许多人物，他们的事迹同袁黄宣扬的道德信念结合在一起，更加增强了善学理念的可信度。这些人中既有显官名宦，也有不少是生活在袁黄周边的人，或者熟识，或者辗转听得。如《了凡四训》的“积善之方”一章中，涉及人物有明初内阁大学士杨荣，也有宁波鄞州人杨自惩，还有正统年间布政司谢都事，莆田林氏，冯翰林琢庵之父，台州应尚书大猷，常熟徐栻之父，嘉兴刑部主事屠勋，嘉兴池阳知府之子包凭等。虽然他们的身份、事迹不同，但都籍贯清楚，家世明白，容易让人信服。再如“谦德之效”一章中，提到的同乡丁宾、冯开之、赵裕峰等人，都是他关系颇为深厚的亲朋故旧，且在江南均有一定影响，以他们为例，让人在相信作者所言不虚的同时，也能从中受到启发和鼓舞。

4.简单易行的行善方法

袁黄的为善方法简单易行，便于操作，因而容易为大家接受和效仿。这方面的内容在前面介绍功过格时已经有所论述。需要补充的是，虽然袁黄学识渊博、理论精深，但是他的劝善理论均以通俗易懂的方式展开，多采取讲故事的方法，摆事实、讲道理，让人在信服理解之余，也很快能够明白应该如何仿效。他强调，善行要首先从家居日常做起，事不在大小，钱不在多少，而主要是要有一颗诚心。如敬重尊长，不需要有大的作为，只要能够对父母加以侍奉，温柔和顺，持之以恒，习以成性，就能够以和气感通上天，家门兴旺。他还提倡随缘济众，只要内心诚恳，即使两文钱也是满善；但若施舍之心不够真诚，就是上千银两也只能为半善。考量施舍之人的实际经济状况，不着意增加其经济负担，也使得积善行德更加简便易行。他还说，要处处与人为善，教育别人身教胜于言教，要在替人掩过、保留其体面的同时，委婉地让人知道错误并且改正。他以昔日舜帝为例，舜帝并没有批评责备那些争抢深潭厚泽的渔人，而是对知道照顾老弱的渔人大加赞扬，并且号召大家向他们学习，从而使得渔人都知道尊老爱幼、谦逊避让。他认为这样的圣人之法才是真正的与人为善，用心良苦。这样的行为其实并不难，对于个人或者社会都大有裨益，很容易得到大家的认可，但是在以前的劝善书籍中却罕有提及。这样琐碎但却极为细致的为善途径在袁黄的劝善书中屡见不鲜，这也是他的书籍能够得到广泛推广的重要原因之一。

总之，《了凡四训》虽然在思想渊源上与宋以后民间广为流传的善书《太上感应篇》《文昌帝君阴骘文》等一脉相承，都归为劝善书籍一类，但是从思想内容到为善方法都有着极大的不同。如以往的善书多以仙佛的口吻劝化众人，大肆宣扬“因果祸福”，带有强烈的功利目的。但是《了凡四训》以作者的亲身经历为依据，以程朱理学、陆王心学为实践基础，以儒家“五经”、佛教禅宗为印证，对世间善恶是非条分缕析，并从现象上升到理论，其高度和深度非以往善书所能比[①]，也正是因为如此，《了凡四训》才能在民间迅速传播，成为风靡一时的流行读物。

（二）明清时期的善书运动

袁黄宣扬“诸恶莫作，众善奉行”的思想，劝勉人们“命由我作，福自己求”，在民间引起了很大反响，也得到了很多儒学士大夫的积极响应，以至于此后很长一段时期社会中大量的善书得到刊行和流通，“不单是道德价值的灌输，而是经过潜移默化，使人们在日常生活中实践道德”[②]，直到清末，这个风潮仍旧经久不衰，其中以明末的最后十几年和清朝最早的几十年最为鼎盛，故而这段时期又被称为明末清初的善书运动期。

参与善书运动的作者主要以社会中下层乡绅地主为主，他们社会阶层不高，与普通民众较为接近，编纂善书的宗旨无非是以道德立说，劝人

① 胡国浩注译：《了凡四训》，长沙：岳麓书社，2018年，“前言”。

② 游子安：《劝化金箴：清代善书研究》，天津：天津人民出版社，1999年，第6页。

为善，在提升民众道德水平之余，也有利于社会秩序的维护，因此从这个意义上来说，所谓“善书运动”其实与“劝善运动”一般无二。

在这次善书运动中，除了《了凡四训》，颜茂猷的《迪吉录》、陈智锡的《劝诫全书》、陈锡嘏的《汇编功过格》、莲池大师的《自知录》等也都影响很大。比如《迪吉录》诞生于17世纪20年代，作者颜茂猷是一位福建士人，他在书中提出了一套以佛教“因果”观念为基础的劝善理论，试图对儒家的伦理学说进行宗教化阐释，并希望通过劝善重整社会秩序、扭转世俗人心，培养“善人”，以最终实现“善与人同”的理想社会。《迪吉录》出版后，颇受世人关注，日本作家浅井了意（1612—1691）的《堪忍记》中所列170余条劝诫故事，其中50余例直接采自此书。

此外，晚明以降，《感应篇》《功过格》《阴骘文》等宗教文献在儒门中开始流行，这与道德和宗教逐渐互相渗透的思想风气密切相连。儒者们举办了善书《太上感应篇》的注解及善书讲读实践会，开展了《太上感应篇》《文昌帝君阴骘文》《关圣帝君觉世真经》等善书的推广运动，使儒学道德向民众道德接近。在三教归一的社会背景下，即使是纯宗教的善书，也被现世化和儒家化，以往佛、道教功过格层出不穷，此时期儒门功过格也极为引人注目。江西泰和学者胡直在《困学日记》中倡导“日书己过以自箴”，非常重视功过格的实践。明末泰州学派的罗汝芳早年撰有《克己日录》，中年撰有《癸酉年日记》，都是儒门功过格的代表。而且他的功过格还带有家族特征，他的两个儿子据传“频年持诵功课簿”，也都有撰写儒门功过格的实践。江苏太仓学者陈瑚所著《圣学入门书》、刘宗周的《人谱》也都是典型的根据儒学规范改编的“功过格”，后者更加重视儒家士人的“改过”“省身”，其思想主旨重在以道德劝善重建社会秩序。

从内容来讲，善书运动处于明清鼎革之际，社会变动剧烈，士民风气颓废，无论是普通民众还是地主士绅，都希望社会能够恢复到安定的状态中去，因此善书“要在就人之日常行为，以规定其善恶功过，进而言因果报应，以勉人为善去恶，积功悔过”①，也就是说善书的关注点集中在人的日常生活上，以劝人安分守己、日省己过为根本，虽然善书作者也会鼓励人们行善以获取更好的生活环境，但都是建立在维系现有社会阶层和结构不发生变化的前提下，因此受时代限制在社会进步中的作用有限。

（三）袁黄与江南慈善事业

袁黄是江南著名的善人，他的善学思想为江南民间慈善事业奠定了思想基础。明末至清代，江南劝化施济工作进入高潮期，且具有一脉相承的意识，嘉善的陈龙正、昆山的周梦颜、苏州彭氏家族、吴县潘功甫与无锡的余治等都是杰出的人物。以他们为代表的江南地主士绅纷纷成立慈善组织，将精力投注在对贫弱者的救济上面，寒者给衣，饥者给食，病者施药，死者施棺，还有的筹集经费给贫困儿童办学。不论其动机如何，求功利，畏鬼神，抑或其他，毫无疑问他们建立的慈善组织是地方救济的重要力量。

1.陈龙正与嘉善同善会

嘉善同善会由进士陈龙正创立。在第三章我们曾对嘉善陈氏家族有过介绍。陈龙正的父亲陈于王与袁黄既是同乡近邻，又同为万历十四年（1586）进士。两人情趣相投，常探讨修德行义之举，后来袁黄的独子袁俨还娶了陈于王之女为妻，两家可谓是亲如一家。

因为家族情谊深厚，来往密切，陈龙正的思想自然深受袁黄熏陶。此

---

① 游子安：《劝化金箴：清代善书研究》，天津人民出版社，1999年，第78页。

外，他还是东林党人高攀龙的得意弟子。高攀龙是一位学者，同时也是江南慈善事业的推动者、实践者，曾与陈幼学等人在无锡创办同善会，筹集经费，扶危济困，是江南地区最具代表性的慈善团体之一。

晚明时期，陈龙正活跃于中央政府和地方社会之间，是嘉善士绅中重要的领袖人物，对于地方救荒、防护和慈善等事业都颇具影响。在陈龙正的倡导下，崇祯五年（1632），嘉善同善会成立，十四年（1641），又成立了同善会馆，作为经办善业的常设机构和公所。同善会馆是江南最早的民办慈善组织，后来风行全国，引发了清代民间力量进入慈善事业的浪潮，同时也是近代中国慈善组织的雏形，意义重大。同善会对于受助者的道德操守有着严格要求，如陈龙正所做《同善会式》与高攀龙制定的《同善会规例》都同样提出：救济有先后，贫困无依的孝子、节妇等优先；其次再考虑未被养济，贫困潦倒而不愿为乞的贫老病人；至于不符道德规范的不孝不悌、赌博健讼、酗酒无赖之徒，以及身强体壮却因游手好闲而致赤贫者，一律不予救助。可见此时的慈善组织有着浓厚的道德教化色彩，虽为救人，但处处以劝人为准则，希望能够通过慈善，培植风气，移风易俗，教化民众。正如陈龙正在《几亭全书》中所言：“这会本是助贫，缘何又拣好人来助？虽则为钱粮不多，其实因此劝人，使那些放肆游花、日就穷苦的生些懊悔，庶几转头，庶几人人各守本分，共成一县好风俗。”

崇祯十四年，江南饥荒蔓延，陈龙正创立“担粥法”，救济民众。所谓“担粥法”，就是让人用担子挑着粥，至交通要道处，将粥发放给饥饿的穷人。一担粥可供五六十人食用，十担粥就可以让五六百人果腹。这种赈济方式非常灵活，无定所定额，随到随济，在粮少人多之时，方便量力而行。此外，因为是流动的赈济，避免了饥民大量聚集，不易发生疫情或者民变。在崇祯年间持续的灾荒中，嘉善没有民变，且很少有人饿死，

“担粥法”功不可没，为后世效法。也是在崇祯年间的这次灾荒中，陈龙正还主动捐出五百亩田地给陈氏义庄，制定陈氏义庄规则十六条，提出“养赡同宗，专以周急”的建议，接济族中穷困之家，帮助赡养老人。义田的每年收入，除了经常性开支，其余粮食存入社仓，作为灾荒之年的储备粮，救助族人。此外，遇到市面米价高昂之时，也可以拿出社仓存粮，低价售出，帮助贫苦百姓。由此不难看出陈龙正的为善思想不但富有浓厚的人文气息，而且讲求经济实用，蕴含着丰富的道德劝善色彩。

2.彭绍升与“近取堂”

苏州彭氏出身于江南望族，书香仕宦名门。彭绍升的曾祖父彭定求是康熙二十五年（1686）状元，父亲彭启丰是雍正五年（1727）状元，祖孙状元，这在中国上千年的科举制度中仅此一家，清代名臣嵇璜有“人间文福无双品，昭代科名第一家”的赞语。此外，苏州彭家有清一代还出了探花1人，进士14人，举人36人，副榜4人，其他诸如贡生、秀才、国学生等比比皆是，科第鼎盛，号称“葑门第一家”，数百年来一直是人们街头巷尾的美谈。成长于这样的簪缨之家，彭绍升自幼接受了良好的教育，加之自身资质聪颖，于二十二岁，在别人还在埋首苦读的年纪，他已经在科举道路上过关斩将，考中进士，拿到了人人艳羡的步入仕途的通行证。不过，他对当官似乎不感兴趣，更热衷于学术，除了精通儒学，佛、道之学也颇有研究。此外，他还留意善学，对于袁黄甚为推崇，花费大量时间和精力，撰写《袁了凡居士传》。他说：袁了凡先生从当学生时就非常喜欢研究学问，书不论古今，事不分轻重，他都认真研究……在宝坻当知县时，他非常注重人民的福利，常常做有利地方的事情。先生家里并不富有，可是却非常喜欢布施，家居生活俭朴。这位将理论与实践紧密结合、一生致力于提倡个人修养和公众慈善的先驱者，永远是我们的榜样。他对于宣传袁黄的事迹和思想做出了重要贡献。

在袁黄为善思想的影响下，彭绍升热衷于慈善事业，他是苏州彭氏迁居江南的第十三世孙。彭氏家族一方面积极创办各类慈善组织，救助贫苦民众，同时还大量刊印善书，推动善书流行，使得劝善思想深入人心。在以彭氏为代表的江南士族带动下，清代中期江南地区各类善会善堂林立，民间慈善事业出现了一副崭新局面，彭氏因此成为清代江南地区为善劝善的典范，被誉为吴中积善人家，彭绍升被认为是彭家慈善活动的一位转折性人物。

乾隆三十七年（1772），彭绍升联合本土乡绅创立施棺局。与会者捐助十两至百两不等的银钱，总共筹集经费一千八百余两，以十年为期，按照十分之一的比率从中抽取利息，用于周济穷人，余下的钱买田置地，以保证活动经费来源。后来彭绍升又带头捐资开辟了放生池，建立了流水禅院，开展慈善活动。经费不够，从施棺局中抽借二百两白银补足，多余的钱供给僧侣守护禅院之用。

不久，彭绍升又与会友沈浴鲸谋划帮助那些“穷而无告”者。彭绍升认为，古人所谓“穷而无告”者，就是那些因贫困而四处求助无门的人，具体指鳏（失去妻子之人）、寡（失去丈夫之人）、孤（少无父母之人）、独（老无所依之人）四类，其中孤、寡之人较之鳏、独之人更加穷困，士族之家的孤、寡之人较之小户人家更加穷困。从中可见彭绍升心目中所要救济之人的先后顺序。该项事业运作三年后，花费白银上千两，周济穷人130余户，所有费用均由二人四处募集而来。为了让这项慈善事业做得更为长久，彭绍升便与同乡李禹定、吴崧蕃等十余位好友共同商议成立恤嫠会，运行方式基本与施棺局相同，以十年为期，筹集资金五千两，会址定在长洲学宫以东的文星阁，堂名为近取堂。

3.潘曾沂的慈善活动

明清江南地区的慈善事业可谓一脉相承，虽然陈龙正、彭绍升与潘曾沂等的慈善活动各有不同，但是互为影响，都具有劝人度世的特征。

潘曾沂（1792—1852），吴县（今江苏苏州）人，字念祖、功甫，号小浮山人。潘氏为吴中望族，有清一代出了状元、榜眼、探花各一人，取得举人以上功名者20余人。他的父亲潘世恩是乾隆五十八年（1793）状元，曾任工部尚书、武英殿大学士，声名显赫。潘曾沂于嘉庆二十一年（1816）中举人，后来援例得授内阁中书。后来辞官回家，吃斋礼佛，究心佛典，同时以济世利民为己务，关心民生疾苦。他曾经协助父亲经营丰豫义庄，丰收之年买进粮食储存，饥荒之年赈济贫苦百姓，十余年间，赈济灾粮四五万石。后来又创立放生会。因赈灾功劳卓著被朝廷授予光禄寺卿衔。

道光七年（1827），潘曾沂在家乡苏州“罄其田二十有五顷”建立丰豫庄，详定章程，很快使其运营步入正轨，在地方救济中发挥作用。如道光十一年（1831），吴中水患，丰豫庄拿出储粮，用平粜、赈济并行的方式帮助受灾乡民。对于那些无家可归、生活陷入困顿的穷人，丰豫庄还实行留养政策，帮助他们渡过难关。道光十二年，丰豫庄又给城中极度贫困的6000多人直接发放银钱。值得一提的是，经常有人将丰豫庄与丰豫义庄并称，其实传统意义上的义庄，帮助对象为本地本族亲人，性质属于家族公产，但是丰豫庄的性质显然属于潘氏私产，而且帮助对象扩大到了本城乡民，甚至不止于此，道光十一年，丰豫庄就救助了4000多由江北逃难而来的民众，道光二十八年（1848）秋，丰豫庄也有资助收养江北灾民的记录，因此不能把丰豫庄看作潘氏宗族义庄，甚至不能简单将之称为义庄。[①]

对于丰豫庄的佃农，潘曾沂也十分关注。遇到歉收或者荒年，潘曾

① 余新忠：《丰豫庄非潘氏宗族义庄》，《中国农史》1996年第2期。

沂会主动减免其佃租。道光十三年，不但免除了一年的田租，此后十余年，免收田租不下四五万石。因为有感于灾荒频仍，救不胜救的状况，潘曾沂率先在丰豫庄中试行区种法。这种方法深耕培苗，熟少收多，有利于抗灾，不过因为费工太多，因此一直未能广泛推行。为了让大家学习和试种，他除了亲赴农庄教授、督促佃户，还将区种法编成通俗易懂的文本《诱种粮歌》《课农区种法》等发放到农户手中。此外，为了调动大家的积极性，他利用自己的影响和地位，请求知府奖掖区种法的先行者，并颁布公文提倡推广。道光十四年（1834），他还联合志同道合者，共同创办“丰豫庄课耕会”，使得区种法成为地方一大盛事。

潘曾沂深味“授人以鱼不如授人以渔”的道理，他认为整个社会民生日蹙的根本原因是一些农民无耻而且懒惰的性格，而要改变现状，可行的办法就是教化，只有教化才能改变民风，才能让父祖辈的恶习不至于传递给子孙。所以他力劝政府设置村塾，教育农民子弟，以期移风易俗、劝善去恶。道光二十三年（1843），他带头捐钱，择取贫困家庭中的可造之才，资助他们就近读书。咸丰元年（1851），又找到数间房屋，修葺之后，取名“西陀庵”，作为乡里义塾，惠及后人。

江南虽为富庶之地，但是溺婴现象严重，潘曾沂对此非常忧心，他认为诸善举中以拯救溺婴最为迫切，而拯救之法莫过于收养。道光十年（1830），潘曾沂为苏州新设的济育局捐钱。第二年，他在自己家门外发现一个被弃婴儿，便加以收养。后来又陆续收养了不少被弃婴儿，并且悉心安置，或者给孩子雇佣乳母和老人照看，或者寄养在邻居家里，为使他们能够顺利长大，从来没有懈怠过。

此外，潘曾沂还为当地做了许多善事，如兴修水利、开凿义井，给贫病之人馈赠医药等，惠泽百姓，造福桑梓，影响很大，人们尊敬地称其为“吴中第一善人”。在他的影响下，当地丰备义仓也在丰豫庄后建立，主要具有平粜和施粥两项功能，可以说是丰豫庄功能的再延伸，本为官办，后来发展成为官绅合办，是乡绅在地方慈善活动中力量壮大的表现。

晚明袁黄、陈龙正等人进行的慈善劝善活动，是其救世努力的重要组成部分，对后来明清江南地区的慈善事业产生了深远影响。继之而起的许缵、彭绍升、潘曾沂、余治等人更是开展了形式多样的民间救助活动，或者设置义庄、义田救济百姓、赡养老人，或者建立社仓、同善会帮助鳏寡孤独、老弱病残，或者修建、捐资育婴堂，收养弃婴、溺婴等，虽然在具体实践上各有特点，但是在根源上与袁黄一脉相承，都想在为善乡里、推广慈善的同时，传播善文化，达到劝化乡民、移风易俗的目的。

（四）受“袁学”影响的文化名人

袁黄是晚明时期一位非常了不起的人物，他的贡献是多方面的。为政宝坻，一心为民，造福百姓，受人称颂。入朝抗倭，足智多谋，运筹帷幄，功不可没。晚年作为乡绅，教育子弟，为善乡里，在当地享有很高声誉。在善学方面，他不仅是一位躬身实践者，更是一位积极的推广者，尤其是他所创作的功过格，独树一帜，风靡一时。他所宣扬的为善思想不仅受到时人的肯定和推崇，如明末张尔岐曾说“近日其说大行，上自朝绅，下及士庶，尊信奉行，所在皆然”[①]，在清代更是蔚然成风，“了凡既殁百有余年，而功过格盛行于世。世之欲善者，虑无不知效法了凡”[②]。因为袁黄的善学思想对明清社会产生了巨大影响，甚至到民国时期影响力依然不可低估，故而后人尊称其为“袁学”。

---

① 〔明〕张尔岐：《蒿庵集》卷一《袁氏立命说辨》，清乾隆三十八年刻本，第29页。

② 〔清〕彭绍升：《居士传》传四十五《袁了凡》，江苏广陵古籍刻印社1991年，第634页。

1.劝善贤达周梦颜

周梦颜（1656—1739），一名思仁，字安士，号怀西居士，昆山（今属江苏）人。精通佛经典藏，是继袁黄之后，江南地区又一位影响颇大的劝善贤人。他对于袁黄甚为崇敬，曾有“立命之说，发于孟子，而能身体力行，历历有验者，则了凡先生一人而已”的高度评价。在其所著《安士全书》中，特意选取《了凡四训》作为附录，在向前人致敬之余，也表示出其劝善思想继承于袁黄，两人理论一脉相承的关系。

周梦颜撰写了许多劝善书籍。他笃信因果，著有《阴骘文广义》一书，是清人所撰最早的一部《阴骘文》注本。书中引用了许多三教中福报的故事，其中记录的昆山徐氏家族，即徐乾学、徐秉义和徐文元同胞三鼎甲的故事最深入人心，其他故事，如“弃文速果”“以客作子”等也选取当地人物事迹，浅显易懂，贴近生活，很有说服力。此外，他还认为人生在世，所造孽罪，大半为淫乱和杀生两项，为此著《欲海回狂》一书，针砭时弊，向人们说明淫乱的罪恶，并教导大家断绝淫念的方法；著《万善先资》一书，劝诫世人勿杀生贪食，且在24岁时发愿，往后余生即使小鱼小虾也不会杀食。他还著有《西归直指》4卷，引述净土经论，决疑启信，又记缁素往生事迹。在当时江南社会秩序不稳，骄奢淫逸之风盛行背景下，周梦颜的书无异于当头棒喝，指点世人于迷津，因此受到同道中人的推重。

2.无锡善人余治

余治（1809—1874），字翼廷，号莲村、晦斋、寄云山人，晚署木锋先生，门人私谥“孝惠”，江苏无锡人，近代著名慈善家、戏曲作家。常年以教书为业，并以“换回风俗”“救正人心”为己任，他好义积善的名声传遍吴越之地，人们称之为江南善人。

余治出身贫困，仕途上面不尽如人意，仅为诸生，但平生以劝善为己任，活动能力很强。一生往来于大江南北，四处宣传古往今来福善祸淫的因果之说，力图能够家喻户晓。为了能够帮助困难群体以及溺婴，他经常进出当政权贵以及城中富户之门，请求他们出资出力，所救助之人数量庞大，“不啻亿万计”[①]。他一生参与的慈善活动很多，如道光二十一年（1841），倡议设立粥店赈济饥民，并推行陈龙正所创立的担粥法，较之官方救济方式更为简便易行，另外他还为救助工作编定了详细的章程和规则，后来得以在全国施行，救活饥民无数。道光二十八年（1848），江阴一带发生水灾，余治筹集资金数万缗赈恤饥民，筑堤防洪。道光二十九年（1849），江南又一次发生大规模水灾，哀鸿遍野，余治一日就写了数十封信函给远近富户，请求他们出资帮助受灾民众，不仅如此，他还拖着病躯，往来苏州府各地寻求帮助，丝毫不肯懈怠。道光二十三年（1843），余治在其家乡无锡县城北莲蓉道院内成立了首个保婴会，后又扩展到江阴、湖州、松江府等地。余治所建保婴会立足乡村，弥补了城镇官办育婴堂的不足。此外他将过去集中堂养的方式，改变为家庭救济，家养为主，保持了家庭的完整性，对于从源头上根除弃婴、溺婴现象大有裨益。这种新型保婴方法后来经过其弟子的大力宣传，逐步在全国推广，江苏、浙江、福建、安徽、山西等州县比比皆是。此外，余治还绘制有《水淹铁泪图》24幅、《江南铁泪图》42幅，募资助赈，开了以灾图形式来宣传赈灾的先河。后来他的弟子谢家福等人又绘制了《河南奇荒铁泪图》。这种灾图本质上也是一种善书，是晚清以办理赈灾事务为内容的善书雏形。

道光二十五年（1845），余治在无锡募资设立义塾数处，同时还创设了集仁局，内部设有义学。因为义塾招收的都是贫困人家的孩子，他认为

① 〔清〕叶裕仁：《尊小学斋集·跋》，清光绪九年古吴得见斋刻本。

要改变人的蒙昧状态，最重要的是教授其如何做一个符合封建道德规范的人，而不是读经书、赴科举，因此亲自编辑了多种适合儿童的图说善书以及类似打油诗的《续神童诗》为训蒙课本，开创了我国以善书作为蒙学的先河。

为了让劝善理论更加深入人心、更多感化民众，他努力运用各种途径和方式。如同治十一年（1872），他出游茅山时随身携带劝善的书籍和画布，并趁游客麇集之时即兴进行善文化的劝导。为了劝诫人们不要溺婴，尤其是女婴，他将古今溺婴因果报应之事编成俚语新歌四处传唱，希望达到移风易俗的目的。他还编写善戏四十余种（今存二十八种），组织优伶演出，寓教于乐，谆谆劝诱。晚年时候，余治致力于刊印各类劝善书籍，数量很多，“高已盈尺”[①]。

余治更突出的一个贡献是他培养了一大批善学弟子。余治的门徒很多，晚清活跃于江南赈济活动中的重要人物大多为其弟子。如清代严辰在《墨花吟馆感旧怀人集》中曾说：“门下弟子甚多，后倡义赈以济西北灾黎者，皆其人也”。康有为在读过余治所著《尊小学斋集》后也说：1894年，“直省水旱饥灾，岁有月出，余君弟子匍匐争号，拯其死亡，天下之人争归之”。“今以善士名天下，如熊纯叔，谢家福，严佑之，皆其（余治）弟子”。此外余治与上海义赈首领施善昌，青浦士绅熊其英，苏州士绅严保之，清末政治家、实业家盛宣怀以及郑观应等亦保持多年的亦师亦友关系。

3.晚清名臣曾国藩

曾国藩（1811—1872），初名子城，字伯涵，号涤生，湖南湘乡县荷叶塘人。道光十八年（1838）进士，入翰林院，官至两江总督、直隶总

---

① 〔清〕余治：《学堂日记·序》，清同治十三年（1874）温州府学署刻本。

督、武英殿大学士，封一等毅勇侯，谥号文正。我国近代政治家、战略家、理学家、文学家，湘军的创立者和统帅，与胡林翼并称“曾胡”，与李鸿章、左宗棠、张之洞并称“晚清四大名臣”。

曾国藩出身于农户之家，家境很是贫困，虽然立志于读书，但是也不属于天资聪颖之辈，因此科举之路颇为艰难坎坷。青年时代，在读过《了凡四训》后，深受启发，尤其是书中“命由己造，福由己求”的观点，激起他发奋读书、修养道德、磨砺品性的志气。《曾国藩治家全书·日记》中记载了他反躬自省的心路历程，他说：“涤者，取涤其旧染之污也；生者，取明袁了凡之言，‘从前种种，譬如昨日死；从后种种，譬如今日生也’。”此后，他通过一番努力改过自新，振奋精神，终成擎天伟器。

曾国藩的后半生身居高位，手握重权，但是袁黄精神一直是他安身立命的根本。他的许多做法，其实都可以在《了凡四训》中找到依据。比如咸丰十年（1860），皖南士兵因为索饷问题持械闹市，弄得居民人心惶惶，事态日趋严重，曾国藩在给皖南道李元度的信中直截了当地说：“知十五日索饷者闹至公馆，务恳阁下查明，迅即正法，愈多愈好，愈速愈好。若此次能杀至二十人，则以后之事迎刃而解”。虽则残忍，但是对于稳定秩序、安定人心却起到了强有力的推动作用，避免了更大规模的动荡发生。《了凡四训》说：“人之为善，不论现行而论流弊，不论一时而论久远，不论一身而论天下。”曾国藩的举动可以说是对这一思想的具体实践。

此外，他所坚守的心系天下、目光高远、以德求官、以忠谋政、勤俭廉劳、修身律己的精神也和袁黄如出一辙。虽然身处已是四面楚歌的晚清王朝，但他仍然励精图治，竭尽全力挽大厦于将倾。在他的倡导下，中国第一艘轮船成功建造，第一所兵工学堂破茧而出，第一批启发民智的西方书籍翻译印刷，第一批赴美留学生顺利远航，他是我国近代化建设当之无愧的先驱者。

曾国藩也十分重视对家族成员的教育，他把《了凡四训》列为子侄必读的书目。后世之人将袁黄的《了凡四训》和攒集而成的《曾国藩家书》合称为“一训一书”，同视为人生智慧之书。

4.净宗印光大师

《了凡四训》在明清时期产生了巨大的社会影响，一直到民国时期，它的影响力依然不可小视，许多历史名人都对之推崇有加，印光大师就是其中的一个。印光大师（1861—1940），俗姓赵，名绍伊，字子任，法名圣量，别号常惭愧僧，陕西郃阳赵陈村人，近代佛门大师，圆寂后被尊称为净宗第十三代祖师。著作有《印光法师文钞》正、续编，《印光法师嘉言录》等。

印光大师一生都在积极向人们推荐诵读《了凡四训》，并鼓励大家认真研究、实行、讲说，以培福修慧、净化人心。他的弘化社，印送《了凡四训》百万余册。他还亲自为《了凡四训》撰写序言，说：“袁了凡诸恶莫作，众善奉行，命自我立，福自我求，俾造物不能独擅其权。受持功过格，凡举心动念及所言所行，善恶纤悉皆记，以期善日增而恶日减。初则善恶掺杂，久则唯善无恶。故能转无福为有福，转不寿为长寿，转无子孙为多子孙。现生优入圣贤之域，报尽高登极乐之乡。行为世则，言为世法”。他在给予这本书高度评价的同时，也不断提倡人们研究和践行。

此外，我国新文化运动的先驱李叔同（法名弘一）非常看重《了凡四训》，幼年时代即倒背如流，晚年更是以书中“从前种种，譬如昨日死；从后种种，譬如今日生”作为修身格言，常书以赠人。其他诸如虎门销烟的林则徐、革命巨子孙中山等在待人接物、处身立世方面也均受袁黄影响颇深。

二、袁学的当代价值和启示

时光如梭，距离袁黄逝去已经400多年，但是他的事迹和思想至今仍然闪烁着耀眼光芒，值得我们学习、研究、借鉴。

（一）袁黄与当代中国

山歌泱泱唱开场，且唱芦墟有七劝：一劝世人多行善，广结善缘福寿全；二劝世人行孝道，自古百善孝为先；三劝世人莫贪财，人算不如老天算；四劝世人莫偷盗，触犯国法坐牢监；五劝世人莫淫乱，伤风败俗惹事端；六劝世人莫奸刁，因果不差必报还；七劝世人莫杀生，物我同亲不一般。国泰民丰保平安！

这是一首浸透着袁黄思想的劝善民谣，至今仍在他的故乡传唱。善是人心中的一缕阳光，予人玫瑰，手有留香；心存善念，人就不会迷失方向，世界也会因此而温暖。袁黄生前许多关于善的劝诫和论述都值得现代人反思和践行。如他说，为善不在于穷富，而在于一颗诚心。有诚心即使一文铜钱也是满善，而心不诚恳，千金也只是做到了半善。做善事的最高境界是不执着于善，而是随心所欲，水到渠成，这样才是圆满。人与人虽然关系有亲疏，地位有高低，才智有贤愚，品行有区别，但都是同源而生，息息相关，如果能够“合爱和敬”，就是互相关爱，那么外面世界就安定了。这些思想都值得我们思考和弘扬。

袁黄一生奉行的“知行合一”原则也非常值得我们现代人借鉴。他青年时代在受到孔先生劝导后，经过思考，很快决定弃医从文。在慈云寺经过云谷禅师点拨，认识到自己的错误，也是当即忏悔，思想意识也从“我命由天”的消极状态转向为“我命由己不由天”的积极状态。这种改变不是仓促的、盲目的，相反，是他“知行合一”生命态度的体现。我们在生活中也应该将自己的认识修养与生存环境结合起来，将外向式的改造世界和内向式的“反求诸己”融为一体，积极主动地改造世界观，让理论成为行动的指导，乐观面对人生不同阶段的挑战。

另外，他的实干精神也非常值得我们学习。位卑未敢忘国忧，袁黄很早就将自己的拳拳赤子之心与国家、人民的祸福联系在一起。在宝坻，他宵衣旰食、夙夜为公，处处将百姓的衣食住行视作为政第一要务。就职兵部，他不辞劳苦，奔走各地，巡视海防，考察战备，收集各种军事资料，踏实认真做好分内每一项工作。援助朝鲜，他更是不顾个人安危与荣辱，向当政者进言献策，指陈利弊，以文官身份守御平壤，为战役的最终胜利立下了汗马功劳。他在劝诫人们积德行善时，曾言及如果“志在天下国家，则善虽少而大；苟在一身，虽多亦小”，这是儒家“达则兼济天下，穷则独善其身”抱负的善学表达，也是他自己一生坚守的理想和信念。他的爱国实践与林则徐“苟利国家生死以，岂因祸福避趋之”的情怀一脉相通，值得后人钦佩并继承。

当下中国，袁黄的故事家喻户晓，国内成立了许多研究袁黄的机构和学术团体。我们应该利用它们，深入挖掘袁学中蕴含的符合当代中国发展、符合中华民族优秀传统的思想观念、人文精神、道德规范，做出符合时代要求的文化阐释，从而适应历史发展对于民间道德教化的期望，为我们的和谐社会建设做出贡献。

值得一提的是，作为家训和劝善书的《了凡四训》问世，本身是道德教化的政治性和社会性统一的体现，对于宣扬各种道德规范内化于心，稳定社会统治曾起到过不可忽视的作用。正如胡适先生所说，《了凡四训》是研究中国中古思想史的一部重要代表作。直到今天，《了凡四训》对于加强人们对于中华民族传统文化的认同感，以及建立和谐有序的社会秩序仍有着不可低估的价值和意义。也正是基于此，中央电视台曾专门做过《了凡家风》的节目报道，中央纪委网站号召学习“中国传统中的家规”也以《了凡四训》为专题，《了凡四训》还被拍成电影、电视剧，以及其他影视作品，在社会中广为传布。近年来越来越多的宗教组织、慈善机构将《了凡四训》大量刊行，许多热心于道德教化的人士将之作为教本向大众宣传和推介，对于普罗大众世界观、价值观、人生观的树立具有一定的指导意义。如作为“当代四大名僧”之一的净空法师，他所接触的第一本佛法书籍就是《了凡四训》，这本书影响了他的一生。2001年，他曾通过凤凰卫视，对《了凡四训》做过详细、透彻的阐述，后来编成《净空法师讲〈了凡四训〉》一书，为人们阅读、了解《了凡四训》提供了捷径。他曾对人们说：我非常喜欢《了凡四训》，常常诵读，也讲过不少遍。希望大家都能够重视，认真修习。中华道德学会肯定了袁黄的成就，说他改造命运的精神不但创造了自己的幸福，也为社会、国家，乃至全人类带来了光明前途，并称赞《了凡四训》为创造幸福的宝典。

（二）袁黄的海外影响

袁黄在日本具有深远的影响力。著名学者福井康顺对于袁黄的善学思想进行过细致研究，并得出“功过格的出现，标志着中国人认识到，可用自己的手改变自己的命运，改变吉凶”的观点，他对袁黄生平事迹和著作反复考证，对于深入袁黄研究做出了贡献。

日本著名汉学家、阳明学大师安冈正笃先生，一生致力于运用中国经典文化去帮助日本社会。他盛赞《了凡四训》是“人生能动的伟大学问”，建议日本当政者应将此书视为“治国宝典”，在熟读、细读、精读之余，详加研究。

日本很多政治经济界的高层人士都深受《了凡四训》的教化，将之再三阅读。著名企业家、“日本经营之圣”稻盛和夫先生对《了凡四训》爱不释手。他早年读过《了凡四训》后便将之作为人生智慧之书，努力学习和践行。他说：我是严格按照《了凡四训》《菜根谭》以及佛教的“六波罗蜜”进行修行和从事商业管理的。他坚信命运掌握在自己手中。

功成名就后，他在谈及往事的时候写道：我邂逅了中国400年前袁了凡所写的《了凡四训》，有了顿悟的感觉，原来人生是这样的。《了凡四训》说，每个人的命运其实已经注定，大家都会按照既定命运度过一生。但人生中肯定会遭遇各种不同的坎坷，这些经历，如何去想，如何描绘自己心中的愿望，这个过程中出现的想法和信念，会改变人一生的命运。中国人将之称为“因果报应”，也就是说，如果你心往好处想，去做善事的话，会有好报；相反，如果心怀叵测，做一些恶事，肯定会得到恶报。每个人都要有关怀他人的慈爱之心，这样的话，你的命运就会改变。这本书还写道，虽然人的命运天生就注定了，但是宿命并非无法改变。我得到的启示是必须要净化、美化自己的心灵。

稻盛和夫在《活法》一书中，引用袁了凡的例子，向人们讲述“命运掌握在自己手中”的道理。他认为让员工明白“命运不是宿命，能够通过因果报应的法则而改变”是企业管理的重要原则，能够最大限度地激发员工的创造力和工作活力。他还说，现代企业领导者的选拔一定要以德为先，只有领导人具备良好的品格，才能将企业引导到正确的方向，不是一味地追求利益最大化。企业管理的范畴应该涵盖生活态度、人生哲学、文化思想、道德伦理等人文要素。

稻盛和夫一生都在坚持修行，并按照《了凡四训》中的教导从事企业管理，不仅在长达42年的管理生涯中一手缔造了两个世界500强企业（京瓷、KDDI通信），更重要的是，因为深受善学思想启发，他对待人事和物事都心目豁然。退休时，他将个人股份全部捐献给员工，自己皈依佛门，转而寻求更高的精神财富。他说，人生是提升心智的过程，他的一生都为之努力。

在新加坡，《了凡四训》也得到了广泛传播，佛学院中将之列为必读书目，许多佛寺中都放有这本书供人阅读，许多人因此受到启发，认识到自己的不足，转而去布施行善，并学习用“谦德之效”，了解自己，改变命运。

佛教高僧净空法师曾多次宣传《了凡四训》，在澳洲演讲时，专门以“了凡四训精华”为主题，并将之做成碟片，希望世人能够认识它、了解它。

除了以上提到的日本、新加坡和澳洲，袁黄在美国、东南亚各国华人圈及港澳台地区也享有极高的声誉。这些国家和地区有着不计其数的“袁了凡佛学会”“了凡宏法学会”，其著作《了凡四训》还被翻译成英文、日文、韩文等，流布世界。

附录1　袁黄年表

年号	干支	公元	年龄	主要活动
嘉靖十二年	癸巳	1533	1	阴历十二月十一日（公历1533年12月26日），出生于嘉善县魏塘镇东亭桥
嘉靖二十五年	丙午	1546	14	七月初四，父袁仁去世
嘉靖二十六年	丁未	1547	15	慈云寺遇孔先生；拜郁海谷先生为师
嘉靖二十七年	戊申	1548	16	县考童生，第十四名
嘉靖三十三年	甲寅	1554	22	嘉兴府通判邓迁受命兴筑嘉善县城城墙，受邀与其一同坐船巡视，确认县址所在
嘉靖四十四年	乙丑	1565	33	嘉善知县许镃辟书院，令高才生从袁黄受经学
嘉靖四十五年	丙寅	1566	34	游山阴，拜王畿为师
隆庆元年	丁卯	1567	35	补贡生
隆庆二年	戊辰	1568	36	入北京国子监读书
隆庆三年	己巳	1569	37	返归故里，入南京国子监读书之前，游栖霞山，拜访云谷禅师；改号“了凡”；发誓行善三千，考取功名
隆庆四年	庚午	1570	38	参加浙江秋闱，考中举人

续表

年号	干支	公元	年龄	主要活动
万历五年	丁丑	1577	45	万历五年会试，初拟取第一，因策论违逆主考官而落第
万历七年	己卯	1579	47	第一个三千件善事做完；跟从李世达入关
万历八年	庚辰	1580	48	请性空、慧空诸高僧在魏塘东塔禅堂回向；发起求子的心愿，发誓再行三千件善事
万历九年	辛巳	1581	49	儿子袁俨出生
万历十一年	癸未	1583	51	八月，第二个三千件善事圆满完成，请性空诸人在家中庭院做回向。九月十三日，发起考中进士的心愿，许诺行一万件善事
万历十四年	丙戌	1586	54	进士及第，会试三甲一百九十三名；呈《松江苏州赋役议》，请减免额外加征米银十余条款，为豪绅阻而作罢
万历十六年	戊子	1588	56	授宝坻（今属天津）知县，六月初九到任
万历十七年	己丑	1589	57	由袁黄首倡，后在紫柏大师及当时名士陆光祖等人的大力推动下，《嘉兴藏》在五台山紫霞谷妙德庵正式雕刻

续表

年号	干支	公元	年龄	主要活动
万历十八年	庚寅	1590	58	上疏朝廷请求减免宝坻赋税。秋，幻余禅师携卷至宝坻，撰《刻藏发愿文》，捐献俸银到五台山打万僧斋
万历十九年	辛卯	1591	59	作《劝农书》，撰《重修儒学记》《开河申文》等
万历二十年	壬辰	1592	60	赴京觐见皇帝，升兵部职方主事（正六品）；与夏建所先生会面；时日本侵略朝鲜，朝廷大举东征，蓟辽经略宋应昌上疏请袁黄到军营赞画（正四品衔），八月入职；九月到天津、宝坻、山海关等地巡查；随后同宋应昌一起出关外辽阳，做战前准备
万历二十一年	癸巳	1593	61	正月初六，到达朝鲜；经历平壤之战，碧蹄之战时坚守平壤；二月，被参劾停职；三月，被主帅李如松参劾，以十罪劾黄；未几，拾遗疏劾在宝坻时纵民逋税，革职归；三月二十六日离任；五月十八日回到故乡嘉善；嘉善知县章士雅聘其为重修县志主笔
万历二十二年	甲午	1594	62	举家搬迁至吴江赵田村隐居

续表

年号	干支	公元	年龄	主要活动
万历三十四年	丙午	1606	74	七月，卒。葬嘉善县胥五区大西收字圩（今嘉善县惠民镇王家村）独社浜
天启元年	辛酉	1621		朝廷追叙东征功，下诏追赠尚宝司少卿
乾隆二年	丁巳	1737		入祀魏塘书院六贤祠，浙江巡抚纳兰常安撰《祠堂记》，赞袁黄“挥击阉竖，九死不悔”。入祀嘉善魏塘书院内“六贤祠”

附录2　袁黄现存主要著作①

四部	分类	书目	卷数
经部	易类	《周易补传》	四卷
		《河图洛书解》	一卷
	书类	《禹贡图说》	一卷
		《新刻了凡袁先生四书训儿俗说》	十卷
	三礼类	《石经大学补》	一卷
	小学类	《训儿俗说》	一卷
		《庭帏杂录》	二卷
史部	编年类	《历史大方纲鉴定补》	三十九卷
	史学类	《史汉定补》	十八卷
	地理类	《嘉善县志》	二十卷
	政刑类	《皇都水利》	一卷

① 引自张雪霞《袁黄朝鲜行迹研究》，辽宁大学硕士研究生毕业论文，2019年6月。

续表

四部	分类	书目	卷数
子部	农家类	《宝坻劝农书》	二卷
	历法类	《历法新书》	五卷
	类书类	《增订二三场群书备考》	二十卷
		《新刻经世文衡》	二十八卷
	道家类	《祈嗣真诠》	一卷
	释家类	《袁生忏法》	一卷
		《净行别品》	一卷
		《诗外别传》	二卷
		《静坐要诀》	一卷
集类	别集类	《两行斋集》	十四卷
	曲类	《袁了凡先生释义西厢记》	二卷
	制举类	《袁了凡汇选古今文苑举业精华》	不详
		《四书删正》	不详
		《游艺塾文规》	十八卷

此外，在明末，《祈嗣真诠》将《省身录》以及附录的三篇文章收录在内，即后来出版发行的《广生篇》。另外，袁黄对《袁氏丛书》中所收录袁仁的著述写序校梓，增订袁仁汇编的《纪年类编》，承述《庭帏杂录》等。通过对袁黄著作的统计，可以看出袁黄的作品大多集中于袁黄明朝抗倭回国后，如《游艺塾文规》、《省身录》、《立命篇》、《新刻了凡先生四书训儿俗说》、《历史大方纲鉴定补》和《两行斋集》等。这些基本都是在神宗万历二十一年，即袁黄被削职归家之后开始付梓刊行

的。尤其是《了凡四训》一书，成书于明神宗万历三十年，是袁黄以自己修身行善的经历撰写，以此来训诫后辈。

另外，袁黄在刊印佛经方面也颇有贡献。袁黄曾推动东方册《大藏经》的编刻，亲自作《刻藏发愿文》，阅正《〈楞伽经〉参订疏》，并为一些佛教论著作序，为一些名僧圆寂后作塔铭等。